Chaim Noll

# DER RUFER AUS DER WÜSTE

Wie 16 Merkel-Jahre Deutschland ramponiert haben.
Eine Ansage aus dem Exil in Israel.

Mehr über unsere Publikationen und Autoren:
www.achgut.com

Das Werk einschließlich aller seiner Teile ist urheberrechtlich geschützt.
Jede Verwertung ist ohne die Zustimmung des Verlags unzulässig.
Das gilt insbesondere für Vervielfältigungen, Übersetzungen,
Mikroverfilmungen, die Speicherung und Verarbeitung auf elektronischen
Systemen und die Publikation auf Online-Medien.

Achgut Edition ist ein Verlag der
Achgut Media GmbH, Berlin
ISBN 978-3-9822771-1-0
1. Auflage, Berlin 2021

© Achgut Edition, Verlag der Achgut Media GmbH, Berlin 2021
© Umschlag: Fabian Nicolay, Berlin
© Foto des Autors auf Umschlag innen: Hanns Joosten
Alle Rechte vorbehalten

Umschlaggestaltung und Satz: usus.kommunikation, Berlin
Druck und Bindung: CPI books GmbH, Leck
Printed in Germany

# Inhalt

Eine starke Stimme / *von Vera Lengsfeld*     8

## Wie ein Garten zur Wüste wird
Die einst blühende Vielfalt der Meinungen ist verdorrt
wie in einem ausgetrockneten Wadi

| | |
|---|---:|
| Bärbel Bohley: Die Frau, die es voraussah | 14 |
| Warum ich von der Friedrich-Ebert-Stiftung ausgeladen wurde | 17 |
| Das Dickicht der Denunzianten | 20 |
| Bye, bye, Berlin | 22 |
| Die Konrad-Adenauer-Stiftung schaltet gleich | 25 |
| Die Zerstörung der Mitte | 27 |
| Angela mortis | 29 |
| „Sie schlägt den Takt mit dem Hammer" | 33 |
| Variationen des Wahnsinns | 35 |
| Alternativlos ins Aus | 38 |
| Stuttgart im Sturzflug | 40 |
| Das kalte Herz | 45 |
| Medien: Die Übernahme | 48 |
| Verbreitet Anetta Kahane Verschwörungstheorien? | 53 |
| Ein Heiligenschein für Angela Merkel | 57 |
| Die Sprache der DDR ist zurück | 59 |
| „Der Aufstieg der Unfähigen": Gibt es ein Entrinnen | 62 |
| Sozialdemokraten: Goldesel für die Welt, Armut in Berlin | 65 |
| Die Rückkehr zum Menschenopfer | 68 |
| Wo die Staatsgewalt zuschlägt – und wo nicht | 71 |
| Merkels Israel-Besuch: Adieu Angela | 74 |

# Im Treibsand der Moral
Wie 16 Merkel-Jahre Deutschland ramponiert haben

| | |
|---|---|
| Hummus und Gedenktag | 82 |
| Das Glashaus in der Hamburger Hafencity | 84 |
| Shoa als Seifenoper | 87 |
| Durfte Broder sich umarmen lassen? | 89 |
| Und ausgerechnet in Nürnberg | 92 |
| Die Paläste der Palästinenser | 94 |
| UN-Hilfswerk korrupt, Deutschland zahlt | 96 |
| Abschied mit Lügen | 98 |
| Eine Schande, ein Schmerz | 101 |
| „Mein allerliebster Minister" | 104 |
| So billig kommt ihr nicht davon | 106 |
| Iran: Deutschlands Großstrategen allein zu Haus | 109 |
| Gebühren für Großmannsallüren | 111 |
| Faschisten können bunte Jacken tragen | 113 |
| Vom „Sturmgeschütz" zum „Stürmer" | 117 |
| Die USA-Unkenrufe der Edelfedern | 122 |
| Hamas. Tod der Hoffnung. Von Deutschland bezahlt | 127 |
| Manchmal werden Wunder wahr | 131 |
| Ende der jüdischen Einwanderung nach Deutschland? | 136 |
| Ein Festakt von kaum zu überbietendem Trübsinn | 139 |
| Die Jungle World und der Unvereinbarkeitsbeschluss | 142 |
| Ist das Goethe-Institut antisemitisch? | 145 |
| Brauchen die deutschen Juden einen Zentralrat? | 151 |

# Die Karawane zieht nicht weiter
Der naive und gefährliche Umgang mit muslimischer
Einwanderung und dem Terror im Namen des Islam

| | |
|---|---:|
| Wie der deutsche Medienbetrieb sich bei Sarrazin bloßstellt | 158 |
| Der masochistische Reflex | 165 |
| Was ist eigentlich „rechts"? Der Islam ist rechts | 167 |
| Die Tage danach. Wie 9/11 eine Welt zum Einsturz brachte | 170 |
| Pathologische Toleranz | 174 |
| Frankfurter Polizei ermittelt gegen beschimpfte Jüdin | 176 |
| Stich ins Wespennest | 179 |
| Europa wird seine Kirchen bewachen müssen | 184 |
| Ist der Aufruf zum Judenmord in Deutschland noch strafbar? | 187 |
| Und Angela Merkel: schweigt | 189 |
| Aura der Angst | 192 |

# Eine starke Stimme
von Vera Lengsfeld

Chaim Noll ist ein Mann, mit dem man Wüsten durchwandern kann und der Steine zum Sprechen bringt. Israel ist seine Wahlheimat, aber wer ihn dort trifft, hat das Gefühl, dass ein Teil von ihm, oder sollte ich besser sagen, seine Seele, immer schon dort war. Wem Chaim Noll gewährt, Israel mit seinen Augen zu sehen, der wird dieses Land für immer lieben.

Sein Opus Magnum ist *Die Wüste. Literaturgeschichte einer Urlandschaft des Menschen*. Zwanzig Jahre hat er daran gearbeitet, was ihn zum wohl besten Kenner dieser Materie gemacht hat. Es ist noch nicht lange genug erschienen, um den Beweis für meine Überzeugung zu erbringen, dass man es zwanzig Jahre lesen und immer noch Neues darin entdecken kann. Es öffnet die Augen und erweitert den Horizont, wie ich es nur ganz selten bei Büchern erlebt habe.

Abgesehen davon ist Chaim Nolls Werk vielfältig. Wer wissen will, wie es in der DDR zuging, dem sei *Der Schmuggel über die Zeitgrenze* empfohlen. Wer Science Fiction bevorzugt, sollte zu *Feuer* greifen, wo Noll beschreibt, wohin Europa steuern könnte. Die Frucht seines dreijährigen Italien-Aufenthaltes ist *Der Kithara-Spieler*, wo Noll die Zeit Neros beschreibt, wie es Lion Feuchtwanger nicht besser gekonnt hätte. Aber er ist auch ein Meister der kleinen Form, wie der vorliegende Band beweist.

Ebenso überraschend vielfältig ist das Leben, das Noll geführt hat. Er ist mit dem sprichwörtlichen goldenen Löffel geboren worden, als Sohn eines prominenten Mitglieds der DDR-Nomenklatura. Seine Neugier, sein Wissensdurst, seine Leidenschaft für Sprache und Literatur haben ihm nicht erlaubt, das bequeme Leben eines Privilegierten zu führen. Er hat schon früh Menschen kennengelernt, die ihn hinter die Fassade des Realsozialismus schauen ließen. Seit er seine spätere Frau Sabine Kahane getroffen hat, ist die kritische Auseinandersetzung mit dem Realsozialismus für ihn selbstverständlich geworden.

Der Zumutung, in der Nationalen Volksarmee dienen zu müssen, hat er sich durch einen privaten Hungerstreik entzogen, der eine Einweisung in eine Nervenklinik nach sich zog. Er hielt das monatelang durch und war am Ende siegreich.

Nolls Vater Dieter, nach den Nürnberger Rassegesetzen Halbjude, war SED-Mitglied und Atheist. Von seiner jüdischen Abstammung wusste Noll in seiner Kindheit und Jugend nichts. Als er in der Staatsoper als Bühnenarbeiter jobbte und sein damaliges Markenzeichen, eine Pelzjacke, trug, sah ihn ein älterer Mitarbeiter erstaunt an, und es entfuhr ihm der Satz, Noll sähe aus wie die Männer, die in den 30er Jahren das Gebiet um die Börse (heute Hackescher Markt in Berlin) herum bevölkert hätten. Wer waren diese Männer? Juden.

Schon in der DDR begann Noll, sich mit seinem Jüdischsein auseinanderzusetzen. Das war aus mehreren Gründen nicht einfach, besonders, weil Israel von der SED als imperialistischer Zionistenstaat galt und Israelhass zum ideologischen Repertoire der Partei gehörte. Diese Auseinandersetzung schärfte Nolls Blick ungemein. Er profitiert bis heute davon. Wo andere wegschauen, sieht Noll hin. Was er sieht, ist oft genug das, was unter den Teppich gekehrt werden soll, weil es das Bild vom heutigen bunten, toleranten Deutschland beeinträchtigen oder gar zerstören würde. Die in der DDR entwickelte Fähigkeit, hinter die Fassade zu schauen und hinter Schimären die Realität zu erkennen und zu benennen, macht Noll heute zu einem der scharfsinnigsten Kritiker des Zeitgeistes und der Politischen Korrektheit.

Jeder einzelne Essay dieses Bandes ist ein Beweis dafür. Man kann das Buch deshalb mit großem Gewinn lesen, selbst wenn man glaubt, schon alles über den gesellschaftlichen Zustand in Zeiten abnehmender Demokratie zu wissen.

Die Geschichte wird sich nicht wiederholen, ist sich Noll sicher. Weder werden Juden wieder in Lager transportiert noch darin vernichtet. Nie wieder würden sie um Visa betteln müssen. Da täuschte er sich. Unter dem Vorwand, dass Corona eine besondere Lage hervorgebracht hätte, die eine Einreise von Juden aus der Ukraine nicht erlaube, wurden ausreisewilligen Juden von den deutschen Konsulaten die bereits zugesagten Visa verweigert. Das brachte die betroffenen Menschen in eine fatale Lage, denn sie waren im Land bereits abgemeldet, hatten weder eine Arbeit noch eine

Sozialversicherung, oftmals auch keine Wohnung mehr. Erst als Noll auf der *Achse des Guten* diesen Skandal öffentlich machte, wurden die Visa doch vergeben.

Aber natürlich sind Juden nicht mehr auf die Gnade eines Staates angewiesen. Sie haben einen eigenen Staat, Israel, der sich seit sieben Jahrzehnten erfolgreich in einer judenfeindlichen Umgebung behauptet und dabei immer stärker geworden ist. Israel bietet allen Juden Schutz, denn Juden sind auch heute noch gefährdet, auch in Deutschland und in Europa. Den Grund dafür sieht Noll in der skandalösen Tatsache, dass der herrschende politisch-korrekte Zeitgeist die Augen fest vor der größten Bedrohung verschließt: dem Islamismus innerhalb und außerhalb der islamischen Staaten des Nahen Ostens. Dazu kommt ein Zerrbild von Palästina. Dank der permanenten Unterstützung durch den Westen ist der Lebensstandard im Gaza-Streifen höher als in den umliegenden arabischen Staaten. Gleichzeitig werden die Bewohner wie Gefangene gehalten. Touristenvisa verkauft die korrupte Hamas. Wer das Geld nicht aufbringen kann, hat keine Möglichkeit, das Land zu verlassen. Die Selbstmordrate ist eine der weltweit höchsten.

Wie konnte sich Israel in einer feindlichen Umgebung behaupten? Noll weist darauf hin, dass die arabische Kultur die Stärke des Siegers schätzt. Israel hat sich als stark erwiesen. Als nach der zweiten Intifada der Tourismus fast völlig zusammenbrach und Arbeitslosigkeit herrschte, schuf der Staat günstige Bedingungen für Start-up-Unternehmen. Israel ist ein Hochtechnologieland geworden. Es hat sogar sein größtes Problem, den Wassermangel, behoben. Meerwasserentsalzungsanlagen wurden zum Exportschlager, der Anliegerstaaten mit dem lebensnotwendigen Nass versorgt. Die haben im Gegenzug begonnen, ihr Verhältnis zu Israel zu verbessern, bis hin zur Aufnahme diplomatischer Beziehungen. Die größte Gefahr für den jüdischen Staat ist heute der von Deutschland gehätschelte Iran, der von Bundespräsident Steinmeier mit Glückwünschen zum Jahrestag der iranischen Revolution bedacht wurde.

Während Israel zu einer Erfolgsgeschichte wurde, ist der Versuch, in Deutschland das ehemals blühende, glanzvolle jüdische Leben zu revitalisieren, gescheitert. Es kommt nur in den Reden von Kanzlerin Merkel vor.

Die jüdischen Gemeinden schrumpfen wegen der Abwanderung ihrer Mitglieder. Der Zentralrat der Juden ist eine von staatlichen Subventionen abhängige Institution, ein, wie Noll es ausdrückt, Appendix der Regierung.

Jenseits von Lippenbekenntnissen ist die Kanzlerin nicht gewillt, den muslimischen Judenhass zur Kenntnis zu nehmen. Weil Noll dies öffentlich äußert, darf er nicht mehr in der *Jüdischen Allgemeinen* publizieren. Auch in den Haltungs-Medien kommt er kaum noch vor. Über linken Antisemitismus wird in Deutschland der Mantel des Schweigens ausgebreitet. Noll bekommt das zu spüren. Als er der linken *Jungle World* eine Rezension des Buches eines jüdischen Autors anbietet, lehnt das Blatt ab. Es gäbe eine Vereinbarung, keine Autoren von der *Achse des Guten* zu veröffentlichen. Das muss man sich auf der Zunge zergehen lassen: Ein jüdischer Autor, der das Buch eines anderen jüdischen Autors rezensieren will, wird ausgegrenzt, weil er auf der Internet-Plattform eines dritten jüdischen Autors publiziert.

Dass dies nicht nur die Haltung eines unbedeutenden Blättchens ist, wird spätestens klar, wenn man weiß, dass auch die Friedrich-Ebert-Stiftung Noll nicht mehr auf ihren Podien haben will. Gegenüber der Presse begründete Mathias Eisel von der FES seine Auslading mit seinem *„criticism of Germany's pro-Islamic regime policies"*. Außerdem nannte er Nolls Mitarbeit bei der *Achse des Guten*, die er als *„mindestens rechtspopulistisch"* denunzierte. Das ist die Realität in Deutschland 2021, jenseits der Sonntagsreden der Politik über das deutsch-jüdische Verhältnis.

Chaim Noll blickt nicht nur mit Kopfschütteln auf sein Geburtsland zurück. Er mischt sich weiter ein. Seine Beiträge sind ein Beleg dafür, was Juden zur intellektuellen Debatte beizutragen haben, und sie sind ein Schimmer jenes Glanzes, der vom Geistesleben in Deutschland wieder ausgehen könnte, würde man bestimmte Positionen nicht unterdrücken, nur weil sie im politisch-korrekten bunten Deutschland den Konsens stören. Umso wichtiger, dass Plattformen wie die *Achgut.com* die Beiträge von Chaim Noll publizieren. Ich kann diesem Buch nur eine weite Verbreitung wünschen.

## Wie ein Garten zur Wüste wird

Die einst blühende Vielfalt der Meinungen ist verdorrt wie in einem ausgetrockneten Wadi

# Bärbel Bohley: Die Frau, die es voraussah

3. März 2019

Ich habe mich immer gern erinnert. Schon als Kind. Mit jedem Jahr sammelt sich mehr Erinnernswertes an. Viele, an die ich denke, leben nicht mehr. In mir sind sie lebendig. Falls ihr mich hört, ihr Entschwundenen: Verlasst euch drauf, ich denke an euch. Gestern, beim Pflanzen in meinem Wüstengarten, erinnerte ich mich an Bärbel Bohley. Muss ich erklären, wer sie war? Sie ist 2010 gestorben, zu jung, kaum 65 Jahre alt. Vor dreißig Jahren, als die DDR unterging, kannte sie jeder. Ich erinnere mich, wie wir im Herbst 1989 bei Freunden in der Schweiz, auf der Durchreise von Rom nach Berlin, die Fernsehnachrichten sahen – gerade war Honecker abgesetzt worden – und wie im Schweizer Fernsehen von Bärbel die Rede war wie von einer Instanz. Sie galt als Ikone der Bürgerrechtsbewegung. Doch zu einer Stellung im Nach-Wende-Deutschland kam es nicht, da stiegen andere auf, Mädchen, die bis zuletzt brav mitgemacht hatten. Bärbels Name stand für eine lange Vorgeschichte von Ungehorsam und Rebellion. Es lag in der Natur des westdeutschen Parteiensystems, dass im vereinigten Deutschland nicht Leute wie sie, sondern die Mitläufer hochkamen, die Angepassten. Als „Kohls Mädchen" wäre Bärbel Bohley nicht geeignet gewesen. Da fanden sich Andere, Geschicktere.

Im Frühjahr 1991 habe ich Bärbel Bohley zum letzten Mal gesehen. Wir gingen nach einer Fernsehsendung, in der sie mich heftig angegriffen hatte, zum Essen in ein italienisches Restaurant nahe dem Gebäude des *Senders Freies Berlin* in der Masurenallee. Katja Havemann war dabei, die Witwe des berühmten Dissidenten, und der West-Berliner Schriftsteller Peter Schneider. Die Diskussion nach dem Essen, bei einer Flasche Wein, war fulminant. Bärbel konfrontierte uns mit ihren, wie wir fanden, naiven Vorstellungen von einer besseren politischen Ordnung nach der Wende. Sie war gegen die sofortige Auflösung der DDR, sie plädierte für eine Übergangszeit, in der beide deutsche Staaten in guten Beziehungen, aber noch getrennt, koexistieren sollten, im Osten schwebte ihr etwas vor wie eine

Regierung des Runden Tischs. Der Runde Tisch war ein provisorisches Gremium, in dem Vertreter aller möglichen oppositionellen Gruppen zusammenkamen und diskutierten. Peter Schneider und ich hielten diese Runde für nicht regierungsfähig. „*Ihr blickt nicht durch*", sagte sie. „*Typisch westliche Arroganz.*"

Wir verstanden wirklich manches nicht. Ich beschäftigte mich damals, im Rahmen eines Forschungsprojekts an der Freien Universität, mit den Akten des DDR-Schriftstellerverbands und war entsetzt über die lückenlose Überwachung und Bespitzelung, die schon im Keim erstickte Meinungsfreiheit, die „innere Zensur", der sich die Schreibenden unterworfen hatten und die – der heutigen *political correctness* vergleichbar – bereits die Wege ihres Denkens auf ungesunde Weise lenkte und behinderte. Ich konnte nachverfolgen, wie Regulierung von Sprache, Themen, Meinungen ihre Rückwirkung nimmt auf die Psyche. Wie Menschen daran krank werden. Ich nannte es „Stacheldraht im Gehirn".

Sofort war Übereinstimmung hergestellt. Und nun sagte sie etwas, was ich nie vergaß. „*Alle diese Untersuchungen*", sagte sie, „*die gründliche Erforschung der Stasi-Strukturen, der Methoden, mit denen sie gearbeitet haben und immer noch arbeiten, all das wird in die falschen Hände geraten. Man wird diese Strukturen genauestens untersuchen – um sie dann zu übernehmen.*"

Als wir verblüfft schweigen, fuhr sie fort: „*Man wird sie ein wenig adaptieren, damit sie zu einer freien westlichen Gesellschaft passen. Man wird die Störer auch nicht unbedingt verhaften. Es gibt feinere Möglichkeiten, jemanden unschädlich zu machen. Aber die geheimen Verbote, das Beobachten, der Argwohn, die Angst, das Isolieren und Ausgrenzen, das Brandmarken und Mundtotmachen derer, die sich nicht anpassen – das wird wiederkommen, glaubt mir. Man wird Einrichtungen schaffen, die viel effektiver arbeiten, viel feiner als die Stasi. Auch das ständige Lügen wird wiederkommen, die Desinformation, der Nebel, in dem alles seine Kontur verliert.*"

An diese Sätze denke ich oft. Wir haben bald nach diesem Abend Berlin verlassen, sind nach Israel gegangen. Ich habe noch ein paarmal mit Bärbel telefoniert, ich konnte ihr helfen, einen guten Anwalt zu finden zur Abwehr der Gerichtsverfahren, Klagen und Einstweiligen Verfügungen, mit denen sie überschwemmt wurde – langwierige, kostspielige Prozesse, die ihr sehr geschadet haben. Für sie war das Leben im Westen kein Aufatmen. Sie hatte sich, in den kurzen Monaten der Euphorie, der Hoffnung und der Wahrheit, die auf den Fall der Mauer folgten, eine Offenheit angewöhnt, ein lautes Aussprechen unliebsamer Gedanken, die sie auch im Westen zur Unperson machten.

Ich denke oft an sie. Wenn ich davon lese, wie seltsame Einrichtungen, sagen wir: die von der deutschen Regierung finanzierte *Amadeu Antonio Stiftung,* das Beobachten von Kindergarten-Kindern suggerieren, wie die Vorsitzende dieser Stiftung, unsere alte Ost-Berliner Bekannte Netty, mit ihren Mitarbeitern Listen zusammenstellt, in denen Unliebsame, unter dem Vorwand eines „Kampfes gegen rechts" oder der Prävention gegen „Rassismus", namhaft gemacht, zur Ausgrenzung empfohlen, stigmatisiert werden – dann denke ich an Bärbel Bohley. An ihre prophetischen Worte vor fast dreißig Jahren.

# Warum ich von der Friedrich-Ebert-Stiftung ausgeladen wurde
28. April 2019

Überraschend hat die Friedrich-Ebert-Stiftung eine seit Monaten verabredete Lesung mit mir im Ariowitsch-Haus in Leipzig abgesagt. Drei Tage vor dem geplanten Termin. Und ohne Angaben von Gründen. Auf der Website des Ariowitsch-Hauses wurde die plötzliche Absage so formuliert, dass der Eindruck entstehen konnte, sie ginge von mir aus. Was ich besonders schäbig finde. Ich habe von 1984 bis heute, über einen Zeitraum von 35 Jahren, in Deutschland hunderte von öffentlichen Lesungen und Vorträgen gehalten, doch das ist mir noch nie passiert. *„Dann wird es ja Zeit"*, rief ein guter Freund, dem ich am Telefon davon erzählte. *„Damit du endlich verstehst, was hier los ist."*

Noch eine Woche zuvor hatte mir eine E-Mail der Friedrich-Ebert-Stiftung den Termin, die Hotelbuchung und den „Dank" dafür übermittelt, dass ich mein Buch „in unserer gemeinsamen Veranstaltung mit dem Ariowitsch-Haus vorstellen" wollte. *„Den Honorarvertrag bereiten wir zum Veranstaltungstag vor"*, schrieb eine Mitarbeiterin. *„Ihre Fahrtkosten erstatten wir Ihnen anhand der Bahnfahrkarten. Wenn Sie noch Fragen haben, können Sie sich gern an mich wenden."*

Letzteres war reine Höflichkeitsfloskel, denn als ich am Tag nach der Absage in der Friedrich-Ebert-Stiftung anrief und Fragen nach dem Grund dieser Maßnahme stellte, wurden sie nicht beantwortet. Der Leiter des „Landesbüros Sachsen", Matthias Eisel, verfiel auf ein Mittel, das ich von DDR-Funktionären kenne: Er hörte auf zu sprechen. Als wollte er zu verstehen geben: Sie werden wohl selbst am besten wissen, womit Sie sich diese Bestrafung zugezogen haben.

Die Ebert-Stiftung ist eine parteinahe Stiftung. Die Partei, der sie nahesteht, ist die SPD. In letzter Zeit habe ich die Nahostpolitik des von SPD-Minister Heiko Maas geführten Auswärtigen Amtes mehrmals kritisiert.

Schriftlich und mündlich. Ich habe daran erinnert, dass diese antiquierte, ideologiegesteuerte, erfolglose Politik den deutschen Steuerzahler jährlich Millionen kostet. Ich habe auf die Peinlichkeit von Maas' Bekenntnis zu Auschwitz als Inspiration seiner politischen Karriere hingewiesen und auf seine beharrlich antiisraelische Politik. Dass sich Maas, wie kürzlich der israelische Botschafter konstatierte, in der UN grundsätzlich auf die Seite der Feinde Israels stellt: *„In November, Germany voted 16 times in 21 resolutions against Israel."* Ich habe die deutschen Waffenlieferungen und andere Hilfe an die kriegführenden Regimes der Region kritisiert, etwa an Iran und Saudi-Arabien, nicht selten an beide kriegführende Seiten gleichzeitig, wodurch die Kriege im Jemen, im Irak, in Syrien und zwischen den Palästinenserfraktionen weiter angefeuert werden und immer neue Flüchtlingsströme nach Europa entstehen.

Früher, als die Bundesrepublik Deutschland noch eine Demokratie war, als es noch so etwas wie Meinungsfreiheit gab und Pluralität, haben mich parteinahe Stiftungen zu ihren Veranstaltungen eingeladen, auch wenn ich dort kritische Gedanken vortrug. Die Friedrich-Ebert-Stiftung lädt offenbar nur noch Gäste ein, die sich im Sinn ihrer Parteilinie äußern. Das ist bequem, aber vollkommen undemokratisch. Demokratie lebt vom Widerspruch, vom Widersprechen. Neue Ideen entstehen im Austausch kontroverser Meinungen. Es ist reine Heuchelei, wenn die SPD die Bedrohung demokratischer Werte durch die AfD beklagt. Oder wenn der deutsche Außenminister, ein Mann eben dieser Partei, die Opfer der Shoah als Schmuck für seine politische Karriere verwendet.

Ich bin in der glücklichen Lage, den Verlust von Honoraren in Deutschland zu verschmerzen. Wenn ich jetzt aber jung wäre und in Deutschland auf irgendeine Weise meine Existenz bestreiten müsste, würde ich das Zeichen der Friedrich-Ebert-Stiftung dahingehend verstehen, entweder auszuwandern oder in Zukunft meinen Mund zu halten, kritische Regungen zu unterdrücken und die Politiker dieses Landes den Pleiten entgegensteuern zu lassen, die sie verdient haben und für die sie dann, wie üblich, Millionen Unbeteiligte bezahlen lassen.

Mein Problem ist ein anderes, ein psychologisches: Sobald ich mit einer Einrichtung deutscher Macht kollidiere, kommen mir Ahnungen, wie sich meine Großmutter gefühlt haben mag, als man sie das erste Mal zur Gestapo vorlud. Das ist unangemessen, ich weiß. Und hoffe dennoch auf Nachsicht. Auch mein Lebensweg ist – wie der von Heiko Maas – mit Auschwitz verbunden. Nur von der anderen Seite.

Wie ein Garten zur Wüste wird

# Das Dickicht der Denunzianten
7. Juni 2019

Albtraum: Man erwacht eines Morgens wie in Kafkas Erzählung *Die Verwandlung,* zwar nicht als Insekt, doch als „Rechtsradikaler". Was Entsetzen bei nahestehenden Menschen hervorruft, bei Freunden, Kollegen, Geschäftspartnern. Plötzlich gehört man nicht mehr dazu. Ist ein Feind. Und zur Bekämpfung des Schädlings sind alle Mittel erlaubt.

Mir ist in den letzten Wochen genau das passiert. Kritik an der Nahostpolitik eines SPD-Außenministers führte erst zur Ausladung und Absage einer lange verabredeten Veranstaltung durch die SPD-nahe Friedrich-Ebert-Stiftung, dann, als ich den Fall öffentlich machte, zu massiven Denunziationen. Texte auf der *Achse des Guten* wurden von der Ebert-Stiftung als Mitarbeit an einem *„Forum, das man mindestens rechtspopulistisch nennen kann",* diskreditiert. Daraus entstand im Verlauf weniger Wochen die Behauptung, ich sei *„in der rechtsradikalen, bzw. rechtspopulistischen Szene involviert",* wie mir vor einigen Tagen ein Veranstalter schrieb, der mich eigentlich zu einem Vortrag einladen wollte, nun aber einen Schreck bekam.

Ich kann hier in Israel darüber lachen. Doch viele, die von solchen Verwandlungen in Deutschland heimgesucht werden, können es nicht. Ich weiß nicht, wie oft mir deutsche Besucher inzwischen ihre Sorgen anvertraut haben, sie fürchteten wegen einer abweichenden Meinungsäußerung zum Klimaschutz, zur Migrationspolitik oder zur Einrichtung von Toiletten für ein drittes Geschlecht in Misskredit zu geraten und existenziell geschädigt zu werden bis zur Entlassung aus ihrer Arbeitsstelle. Inzwischen weiß ich, dass sie nicht übertreiben. Das Denunzieren hat im heutigen Deutschland erneut Konjunktur. Als erinnere man sich nicht mehr, welches Unheil es in zwei deutschen Diktaturen angerichtet hat.

Ich muss Angela Merkel den Vorwurf machen, dass sie mit ihrer vorschnellen, inkompetenten Verurteilung von Thilo Sarrazins erstem Buch, vorgetragen 2010 mit dem ganzen Gewicht ihrer Kanzlerschaft, wesentlich beigetragen hat zum Aufkommen des neuen Denunzianten-Unwesens und zur Vergiftung der geistigen Atmosphäre in Deutschland. Eine katastrophale Fehlentscheidung war die darauf folgende Entfernung Sarrazins aus dem Vorstand der Bundesbank, wodurch, von der Kanzlerin initiiert und sanktioniert, der Präzedenzfall geschaffen wurde, dass eine unliebsame Meinungsäußerung eine existenziell schädigende Bestrafung nach sich zieht. So hat sich in den anderthalb Jahrzehnten, seit Angela Merkel Kanzlerin ist, die einst um offene Diskussion, klare Argumentation, kreative Kontroverse bemühte Öffentlichkeit der Bundesrepublik Deutschland zurückverwandelt in frühere Formen, in ein Paradies der Mitläufer, Schweiger und Duckmäuser, in ein Dickicht der Denunzianten.

Angela Merkel hat nie verstanden, was westliche Meinungsfreiheit eigentlich meint. Woher auch? Sie kennt sie nicht. Sie ist in Harmonie mit einer deutschen Diktatur aufgewachsen, dann hinübergeschlüpft in ein anderes geschlossenes System, einen anderen Parteiapparat, den der West-CDU unter Helmut Kohl. Wo ihre Karriere nahtlos weiterging und sie weiter agierte nach den ethischen Standards ihrer Jugend.

Unter ihrer Herrschaft entstand eine selbsterklärte, konturlose Mehrheit der Mitläufer, die sich auf ein paar Schlagworte einigt, immer und überall zu wiederholen, gebetsmühlenartig, das warme Herdengefühl der Übereinstimmung: „Kampf gegen rechts", „Gegen Rassismus", „Gegen den Klimawandel". Und so undeutlich, letztlich unbrauchbar das ist, so unbarmherzig wird Erfüllung verlangt. Und jeder denunziert, der Zweifel anmeldet. Die Denunziation, „rechtsradikal" zu sein, kann einen Alt-Linken treffen, ein Jude kann beschuldigt werden, sich mit Nazis einzulassen, eine lesbische Aktivistin kann in Verdacht geraten, die strikten Gebote der „Gender Equality" zu missachten, ein energiesparender Öko-Freak, der gegen Schulschwänzen ist, nicht entschlossen genug „gegen den Klimawandel" zu kämpfen. Die Vorwände können nichtig sein, entscheidend ist der Wille, die Abweichung zu bestrafen. Das Ende dieses Weges ist bekannt, er führt in die von Orwell beschriebene Gesellschaft des Schweigens, der Selbstunterdrückung und allgemeinen Angst.

Inzwischen schlägt auch die deutsche Wirtschaft Alarm. Denn in einem Land, in dem man die kreative Kontroverse abschafft, das alternative Denken, die intellektuelle Infragestellung, wird es auch nichts mit neuen Technologien und der digitalen Revolution. Da wird gar nichts mehr.

Wie ein Garten zur Wüste wird

# Bye, bye, Berlin
21. Juni 2019

Ich bin gebürtiger Berliner. Auch meine Mutter und deren Mutter. Und deren Eltern, also zwei meiner acht Urgroßeltern. Mit einer Vorgeschichte von vier Generationen gehöre ich im heutigen Berlin zu einer Minderheit. Und zweitens: Ich habe Berlin einmal geliebt. Besonders den Westen der Stadt, der uns, als wir Anfang der Achtziger dem Osten entflohen, als lebendiges Modell westlicher Freiheit erschien. Auch der verwestlichte Osten war eine Zeitlang bezaubernd. Es war beglückend zu sehen, wie die durch totalitäre Willkür und Misswirtschaft ruinierten Stadtteile aufblühten. Umso deprimierender im letzten Jahrzehnt der Rückschlag: die übergreifende Ossifizierung Berlins.

Die Stadt ist längst, wie man im Amerikanischen sagen würde, „a failed city". Der skandalöse Flughafen, der seit zehn Jahren Millionen verschlingt, damit sich immer neue Generationen dubioser Bauleute und korrupter Politiker daran bereichern können, ist das selbst geschaffene Symbol. Wer Süditalien kennt, weiß: An solchen Bauprojekten, die nie zu Ende kommen, erkennt man Mafia-Wirtschaft.

Infrastrukturell funktioniert in der Stadt nur noch das Nötigste. Und auch das oft nicht mehr. Die Taxifahrer schimpfen über die sinnlosen Baustellen und Umleitungen. Eine Stadt, in der man zwar ständig neue gloriose Projekte beginnt, aber nicht zu Ende bekommt. Oder, wie die „Begegnungszone" in der Bergmannstraße in Kreuzberg, bald wieder abbauen muss. Hier hatte ein grüner Stadtrat für über eine Million Euro seine Vorstellungen von futuristischer Urbanität in Szene gesetzt: Die Straße wurde mit grünen Punkten und Kreisen besprüht, am Rand der Fahrbahn orangefarbene, an Foltergeräte erinnernde Eisenstühle installiert, die zwar Parkplätze blockierten, aber – außer in der Nacht von Betrunkenen – von niemandem genutzt wurden. Auch diese Million, eine von vielen, ist in Rauch aufgegangen, beziehungsweise in grünen Punkten.

Dass nichts mehr so richtig funktioniert, sei ja gerade das „Improvisierte", „Spontane", erklären mir Berlin-bewusste Neuzuwanderer aus Tuttlingen und Paderborn, das „Schräge", das den besonderen Reiz der Stadt ausmache. Es mag amüsant sein, solange alles gutgeht. Opfer von Diebstahl und Übergriffen beklagen allerdings die paralytische Langsamkeit der Polizei. Und, falls es zu einer Anklage kommt, der Berliner Justiz.

Ein von jungen Arabern attackierter türkischer Taxifahrer erzählte mir, es habe nachts in der Innenstadt zwanzig Minuten gedauert, bis die Funkstreife kam. Auch ein Polizist sprach offen davon, seine Behörde sei durch Personalmangel „überfordert". Man müsse ganze Stadtteile „sich selbst überlassen". Besser gesagt: den arabischen Clans, die dort hausen. Danach bat er mich inständig, niemandem von unserem Gespräch zu erzählen, zumindest keine Angaben zu machen, die ihn „verraten" könnten. Denn so schlampig die Berliner Behörden sind, so gut funktioniert das Denunzieren und Entfernen Unliebsamer aus dem öffentlichen Dienst.

Um heute in Berlin einen Termin auf dem „Bürgeramt" zu bekommen, etwa zur Verlängerung des Reisepasses, muss man sich drei Monate vorher anmelden. Die unbegreiflich geduldigen Berliner, in einer Mischung aus Resignation und Furcht, nehmen es hin. Was sollen sie auch machen? Die Zugezogenen aus aller Welt – inklusive westdeutsche Provinz – betrachten Berlin als ihren Abenteuerspielplatz und sorgen bei den Wahlen dafür, dass der experimentelle Nonsens an der Macht bleibt.

Unter den üblichen galligen Scherzen bezahlen die länger Ansässigen, noch Arbeitenden mit ihren Steuern den ideologiegesteuerten Humbug der Politiker, etwa eine „Bevollmächtigte des Landes Berlin beim Bund und Staatssekretärin für Bürgerschaftliches Engagement und Internationales" namens Sawsan Chebli, die ihre Zeit damit verbringt, groteske Tweets in die Welt zu setzen und Strafanzeigen – mehrere pro Tag – gegen Mitbürger zu erstatten, von denen sie sich in ihrer unerschöpflichen Eitelkeit beleidigt fühlt. Oder einen früheren Botschafter des „Sexismus" anzuklagen, weil er sie in diplomatischer Heuchelei „eine schöne Frau" genannt hatte. Es hätte kaum Sinn, Frau Chebli zu erklären, dass die Stadt Berlin einst berühmt war für ihren Humor.

Ich habe noch einen Berliner „Wohnsitz". Dort lebt meine alte Mutter, die ich gelegentlich besuche. Zum Glück liegt unser Ort einige hundert Meter außerhalb der Stadtgrenze, verwaltungstechnisch bereits im Bundesland Brandenburg, das zwar gleichfalls unter einer rot-roten Regierung von implodierender Infrastruktur gezeichnet ist, uns aber wenigstens – wegen der ständig schwindenden Bevölkerung – in den fast leeren Behörden keine langen Wartezeiten mehr abverlangt. Auch hier sind Post, Supermarkt und der letzte Arzt längst aus dem näheren Umkreis verschwunden. Um ein Päckchen abzuschicken, braucht es eine längere Fahrt über Land. Und die Postsendung kommt in manchen Fällen nicht am Bestimmungsort an.

Berlin war einst eine Stadt mit Charakter. Auch der schwindet mit dem Niedergang. Der Senat, der sonst alles durchgehen lässt, Kundgebungen der Hamas und offenen Rauschgifthandel, verbot dieser Tage die Landung von dreizehn amerikanischen „Rosinenbombern", die einst den Westen der Stadt während der sowjetischen Blockade am Leben gehalten hatten und anlässlich des siebzigsten Jahrestags der Luftbrücke noch einmal Berlin besuchen wollten. Womit sich die Regierenden der Stadt als Amerika-Gegner profilieren, für die „Dankbarkeit" ein Fremdwort ist.

Heute wird Berlin benutzt wie ein Nomadenlager, ein Amüsierlokal. Und als Regierungssitz einer weitgehend unbeliebten Regierung. Gelegentlich muss ich mit der S-Bahn in die Stadt fahren, um von einem der Fernbahnhöfe – oft mit erheblicher Verspätung – auf Lesereise zu gehen. Die Fahrt aus dem Umland in die Stadt ist ein echtes Abenteuer geworden, die Berliner S-Bahn fährt jeden Tag anders, kein Vorwand ist zu verrückt, Züge ausfallen zu lassen oder ganze Strecken zu sperren. Sonst halte ich mich fern und meide die Stadt.

Ich bin in Berlin aufgewachsen, einst war diese Stadt mein Zuhause – vielleicht nehme ich es deshalb schwer, dass sie verschwunden ist und nur ein Auffanglager zurücklässt, das sich nach ihr nennt.

# Die Konrad-Adenauer-Stiftung schaltet gleich
12. August 2019

Veranstalter in Deutschland, die mich zu Vorträgen oder Lesungen einladen, wenden sich dazu oft an Kooperationspartner, um die Kosten zu teilen. Ich komme von weither und verursache dadurch einen gewissen Aufwand. Bisher haben die parteinahen Stiftungen der verschiedenen politischen Parteien Deutschlands bei solchen Gelegenheiten gern als Kooperationspartner fungiert und aus ihren üppigen Fonds ein paar Euro zu Honorar und Reisekosten beigesteuert.

Im Frühjahr dieses Jahres gab die Friedrich-Ebert-Stiftung in Leipzig den Auftakt, mich wegen kritischer Äußerungen zur Politik der Bundesregierung nicht mehr einzuladen, sogar wieder auszuladen, nachdem man mich bereits eingeladen hatte. Das hat Staub aufgewirbelt bis nach Amerika und Israel und nicht zur Verbesserung von Deutschlands Image beigetragen. Die SPD-nahe Stiftung hätte mich am Reden gehindert, schrieb die *Jerusalem Post*, „*because he wrote articles critical of the German government's pro-Iranian regime policies that jeopardize the security of the Jewish state.*"

Die Anregung zum Nachdenken wurde nicht aufgegriffen, sondern hinter den Kulissen für weitere Maßnahmen gesorgt. Resultat: Es bleibt nicht beim Boykott durch die Friedrich-Ebert-Stiftung. Auch die CDU-nahe Konrad-Adenauer-Stiftung (KAS) darf mich nicht mehr einladen. Die Leiterin ihres Hamburger Büros schrieb dieser Tage an einen Veranstalter, der ihr eine Kooperation für einen Abend mit mir im März 2020 vorschlug: „*Die Konrad-Adenauer-Stiftung Hamburg möchte ausdrücklich gerne in 2020 eine Kooperationsveranstaltung mit Ihnen machen, aber bitte mit einem anderen Referenten.*"

Es sind eigentlich zwei verschiedene Stiftungen, die zu verschiedenen Parteien gehören – aber sie agieren wie eine. Der Pluralismus wird hinterrücks außer Kraft gesetzt. Dafür gibt es ein deutsches Wort: Gleichschaltung. Das Traurige ist, dass ich die Mitarbeiter der Konrad-Adenauer-Stiftung Hamburg kenne. Und weiß, dass sie für den Boykott nicht verantwortlich sind. Einige von ihnen mögen und schätzen mich. Sie sind allesamt jünger als ich, sie gingen noch zur Schule, in den Kindergarten oder waren nicht einmal geboren, als ich schon mit ihrer Stiftung gearbeitet habe. Die Konrad-Adenauer-Stiftung hat in den vergangenen 35 Jahren viele Veranstaltungen mit mir organisiert oder andere Organisatoren darin unterstützt, darunter etliche, in denen ich die Politik früherer Bundesregierungen offen kritisiert habe.

Was ist inzwischen in Deutschland geschehen? Die Demokratie wurde durchorganisiert, gesäubert, ordentlich und überschaubar gemacht. In den so bereinigten Machtstrukturen bedarf es nur noch eines verabredeten Signals, um eine unliebsame Person durchgängig auszuschalten. Unter Vervollkommnung versteht man in Deutschland fast immer Totalisierung. Die alte Bundesrepublik, vierzig Jahre lang von den Vertretern gestandener Demokratien beaufsichtigt, war eine Hoffnung, die sich nicht erfüllt hat. Unter der anderthalb Jahrzehnte währenden Kanzlerschaft einer FDJ-Funktionärin ist Deutschland in seine alten Muster zurückgefallen. Die heutigen Machthaber, in hermetischen Apparaten aufgewachsen, vermissen nichts, für sie ist die Welt in Ordnung, ihre Demokratie perfekt.

Es ist von neuem ein System, in dem man wegen einer abweichenden Meinung bestraft und für Mitläufertum belohnt wird. Das Ergebnis dieser negativen Auslese sind Apparatschiks, die zwar im Sinne des Apparats gut funktionieren, aber wegen ihrer andressierten Mediokrität, ihres Mangels an Kreativität, ihrer Unfähigkeit zu schöpferischer Kontroverse nicht imstande sein werden, die Herausforderungen von Deutschlands Zukunft zu bewältigen. Und obwohl das alle spüren, kann die schleichende Lähmung offenbar niemand mehr aufhalten. Ich stelle es mir schrecklich vor, heute in Deutschland jung zu sein und in diesem Ambiente überleben zu müssen.

# Die Zerstörung der Mitte
17. November 2019

Die Behauptung eines SPD-Funktionärs, der Blog *achgut.com* sei „mindestens rechtspopulistisch", löste – neben vielen anderen Reaktionen – Hinweise aus, die Grenze dessen, was als „rechts" und „rechtsextrem" gilt, habe sich im Lauf der vergangenen Jahre auf beunruhigende Weise verschoben. In Wahrheit ist es ein aktiver Vorgang: Die Gesinnungswächter versuchen, diese Grenze immer weiter nach links zu rücken. Dadurch wird die demokratische Mitte eliminiert – sie war für Menschen mit Grabenkämpfer-Mentalität ohnehin eine überflüssige Pufferzone. Sodass am Ende alles, was nicht ausgesprochen und bekenntnishaft „links" ist, für „rechts" erklärt werden kann, am besten für „rechtsextrem".

Bei Markus Decker, einem gestandenen Veteranen im „Kampf gegen rechts", Schreiber für verschiedene Blätter des niedergehenden linken Medienkonzerns DuMont-Schauberg, liest sich das so: *„Die zentrale Herausforderung der Sicherheitsbehörden besteht in der Identifizierung dessen, was heute als rechtsextrem zu gelten hat. Denn wenn ein wachsender Teil der bisherigen politischen Mitte die Affekte von Rechtsextremisten teilt – etwa die Wahrnehmung von Migranten als ‚Mutter aller Probleme' – dann fällt es dieser Mitte naturgemäß schwer, die Abgrenzung nach Rechtsaußen vorzunehmen."*

Nicht offen ausgesprochen, doch logische Folge des Geschriebenen ist die Konklusion: Wenn „ein wachsender Teil der politischen Mitte" die Situation islamischer Migranten in Europa als Problem sieht, müssen sich die „Sicherheitsbehörden" der politischen Mitte annehmen, sie überwachen und bei Bedarf gegen sie vorgehen. Das würde ein liberal kostümierter Machtfetischist wie Decker niemals offen aussprechen, doch in Wahrheit ist es das, was er empfiehlt.

Dieses Propagandastück erschien in der *Berliner Zeitung,* ich las es kurz vor meinem Rückflug nach Israel und staunte darüber, wie offen hier von der demokratischen Mitte „Abgrenzung" verlangt wird, Preisgabe ihrer Offenheit und Bewegungsfreiheit, unter Androhung diffamierender Etikettierung und anderer Maßnahmen im Fall der Unterlassung.

Den Meinungswächtern der schwindenden Printmedien liegt auch aus anderen Gründen an Eingrenzung und Restriktion. Sie fürchten die Freiheit der sozialen Medien, die ihre Deutungshoheit zunichte macht. *„Ich habe einen schönen Beruf",* klagte Redakteurin Cornelia Geissler, gleichfalls in der *Berliner Zeitung, „aber es macht mir Sorgen, dass weniger Zeitungen gelesen werden, dass auch viele kluge Menschen ihre Informationen fast wahllos aus dem Netz holen."*

Mit „wahllos" meint sie das genaue Gegenteil: die freie Wahl. Die sprachliche Absurdität ihrer Aussage ist ihr nicht bewusst. Denn die Wahl, welche Information für uns bekömmlich ist, möchte sie treffen, die Redakteurin der Zeitung. Wie es seit Jahrzehnten Usus war. Macht gibt man nicht gern aus der Hand. Oder, wie sie es ausdrückt: Es war *„ein schöner Beruf".* Jahrzehntelang haben uns diese Blätter Information zugeteilt, entzogen oder über Gebühr aufgeblasen – ganz wie es ihrer „Haltung", ihrer Ideologie und der Interessenlage ihrer Geldgeber entsprach.

Auch der Spitzenkandidat der Grünen bei der Europawahl, Sven Giegold, forderte von den europäischen Christdemokraten *„einen klaren Beschluss zur Abgrenzung von den Rechtsradikalen und Rechtspopulisten".* Für muslimische Migranten sollen die Grenzen Europas weiterhin offenstehen, doch intern, im Inneren, verlangt man „Abgrenzung". Diskreditierung der Mitte, Restriktionen, Überwachung.

Die Zerstörung der demokratischen Mitte war eine der Ursachen für den Untergang der Weimarer Republik.

# Angela mortis
16. Dezember 2019

Es wäre unfair, ihr an allem die Schuld zu geben. Und angesichts ihrer Zitteranfälle habe ich mich gefragt, ob ich nicht lieber schweigen sollte. Aus Erbarmen. Ohnehin bin ich, als alter weißer Mann, so erzogen worden, dass ich Hemmungen habe, eine Frau anzugreifen.

Zweimal bin ich ihr leibhaftig begegnet. An denkbar verschiedenen Orten. Zum ersten Mal im Frühjahr 2006 im Berliner Bundeskanzleramt, mit einer Delegation des Internationalen PEN, ein Nachmittagsempfang mit Kaltem Buffet, in Erinnerung ist mir, wie sie aufblühte nach dem ersten Glas Wein. Sie ist von Natur aus das, was man „gesellig" nennt. Ins Tagebuch schrieb ich damals: *„Sie möchte nett wirken, gefährlich bei einer Politikerin."* Das zweite Mal sah ich sie 2008 in Israel. Ich stand ein paar Meter von ihr entfernt, als sie unseren winzigen Ort in der Wüste besuchte. Eine Frau wie sie kann nicht allein zu Besuch kommen, Dutzende Begleiter waren dabei, blasiert um sich blickende Männer in dunklen Seidenanzügen, Frauen in dezenten Wollkostümen, allesamt ungeeignete Kleidungsstücke in der Wüste, dazu Sicherheitsleute, mehrere Busladungen voller Begleiter. Sie ließ sich von Shimon Peres den Ausblick ins Tal zeigen, ins *nachal zin,* durch das vor mehr als dreitausend Jahren die alten Israeliten gezogen sind. Sie stand in ihrem üblichen Blazer, Hosen und dunklen Schuhen, die leicht vom hellen Wüstensand bestäubt waren, in der Pose einer lernbegierigen Schülerin neben dem berühmten Staatsmann, und ich ahnte eines der Geheimnisse ihrer Karriere: Sie weiß mächtigen Männern zu schmeicheln, ihnen ein Gefühl ihrer Wichtigkeit zu geben. Sie stand am Grab Ben-Gurions und neigte ergriffen den Kopf, ihre Hände in der Raute, dazu murmelte sie ein paar Worte vor sich hin, die Pose eines kurzen Gebets.

Das ist ein Dutzend Jahre her. Sie hat damals auf mich (und viele, viele andere) einen guten Eindruck gemacht. Die Ausstrahlung, die von ihr ausging, wurde oft „Besonnenheit" genannt, später kam in den Medien das Modewort „Gelassenheit" auf. Sie denke die Dinge „vom Ende her", hieß es über ihre oft kaum spürbaren Lösungsansätze – was war damit gemeint? *„Det dicke Ende kommt erst noch"*, sagte man früher in Berlin. Inzwischen hat es sie eingeholt.

Und uns alle. Ihre Wähler und Anhänger haben zu spät bemerkt, dass sich ihre Betulichkeit, die sie als Zeichen überlegener Ruhe deuteten, heute, angesichts sich auftürmender Probleme, als tödliche Lethargie erweist. Denn damals stand alles zum Besten: Die deutsche Wirtschaft blühte, die Demokratie schien intakt, die Europäische Union ein hoffnungsvoller Aufbruch, Salafisten, Neonazis, linke Schlägertrupps und andere Hassbewegungen hielten sich zumindest bedeckt, das Wort „Jude" war noch kein gängiges Schimpfwort auf deutschen Schulhöfen.

In den ersten zwei Jahrzehnten nach der Vereinigung schien Deutschland ein Land der Hoffnung. Ein Symbol des Sieges der Demokratie und der westlichen Werte über die finsteren Kräfte des Totalitarismus. Aus aller Welt strömten Besucher herbei, um das Wunder zu bestaunen. Ich war 2006 zum ersten Mal nach zehnjähriger Pause wieder in Berlin, der Eindruck war unerwartet stark: Hier schien sich ein Land wirklich von seiner „dunklen Vergangenheit" zu erholen und einer hoffnungsvollen Zukunft entgegenzugehen.

Heute bietet dasselbe Deutschland das traurige, entmutigende Beispiel eines großen, reichen Landes, das sich nicht mehr verteidigen kann. Weder nach außen, noch nach innen. Behördliche Konfusion, verkümmertes Gefahrenbewusstsein, keine Abwehr gegen demokratiezerstörende Potenziale, eine offenbar gelähmte Justiz, eine durch Stellenabbau und interne Behinderungen paralysierte Polizei, bröckelnde Infrastruktur, in manchen – vor allem rot-grün regierten – Bundesländern funktioniert nicht mal mehr die Post.

Was ist in diesen anderthalb Jahrzehnten mit Deutschland geschehen? So richtig verstehen kann es niemand. Hier in Israel fragen mich die Nachbarn, wenn sie von einem Besuch in Berlin oder München zurückkehren, wie ich mir den plötzlichen Niedergang erkläre, die trübsinnige Stimmung in dem einst hoffnungsvoll wirkenden Land, und ich muss zugeben, dass ich dazu außerstande bin. Kann die negative Ausstrahlung einer einzelnen Person ein ganzes Land erstarren lassen? Offenbar, wenn es sich um „die mächtigste Frau der Welt" handelt, zumindest der europäischen Sphäre, und um ein Volk, so obrigkeitshörig wie die Deutschen. Anderswo dürfte man wenigstens noch Scherze über sie machen, in Deutschland wird sie in bitterem Ernst als Schicksal hingenommen.

Obwohl es unfair wäre, ihr an alledem die Schuld zu geben, ist es auch ganz unmöglich, sie, die führende Politikerin des Landes, daraus zu entlassen. Julian Reichelt, Chefredakteur der *Bild,* hat kürzlich die schwersten Fehler, verhängnisvollsten Unterlassungen, verpassten Gelegenheiten und notorischen Lügen ihrer Außenpolitik aufgelistet, dabei ist die Außenpolitik nur ein Teil der Misere. Es ist bezeichnend, dass unter ihrer Herrschaft die deutsche Demokratie so weit atrophiert ist, dass von den großen Medien nur noch die *Bild* eine kritische Analyse ihres Wirkens wagt. All die anderen, früher gern kritisch posierenden Blätter und Sender hat die tödliche Mutlosigkeit des Mitmachens erfasst, das Ja-und-Amen-Sagen zu allem, was diese Regierung tut oder lässt.

Auch von ihr können wir kein klares Wort erwarten. Ihre Weigerung, sich verbindlich zu äußern, ist Reflexion eines tief verinnerlichten Opportunismus: Sie steht ohnehin nicht zu ihrem Wort, verrät ihre Freunde, verleugnet frühere Versprechen. Wir haben uns an ihre verwischte, hypnotisierende Sprechweise gewöhnt, an ihre Äußerungen von gedämpfter Amplitude, ihre Kunst der nichtssagenden Formulierung. Folgerichtig ist unter ihrer Kanzlerschaft erneut die Angst vor dem offenen Wort allmächtig geworden. Und wenn man die psychologische Rückwirkung des täglichen Sprachgebrauchs auf das menschliche Denken in Betracht zieht, ist daraus längst die Angst entstanden, etwas Unkorrektes auch nur zu denken.

Zu Tugenden wie Zivilcourage und Offenheit müssen Menschen ermutigt werden – unter ihrer Führung ist das Gegenteil geschehen: Heuchler und Denunzianten werden belohnt, Unbotmäßige, selbst hohe Beamte (Sarrazin, Maaßen), demonstrativ abgestraft. Inzwischen beginnt die Angst vor dem abweichenden, ungewöhnlichen Gedanken die Kreativität und Innovationsfähigkeit des Landes zu zerstören – mit katastrophalen Auswirkungen für Volksbildung, Wissenschaft und deutsche Wirtschaft.

Sie hat das Freund-Feind-Denken innerhalb desselben Volkes wieder eingeführt, die Spaltung der öffentlichen Meinung in ein offizielles, von kaum jemandem geteiltes Narrativ der Ereignisse und eine in großen Teilen des Volkes kursierende Version, die sich in den – zunehmend zensierten – alternativen Medien mühsam Gehör verschafft. Die Tendenz geht in Richtung der Verhältnisse, die der Besonnenen aus ihrer Jugend vertraut sind. Sie hat nichts Neues erfunden, nur ein altes Muster in neue Verhältnisse transplantiert. Sie ist die wandelnde Einfallslosigkeit, ein Sinnbild fehlender Inspiration, kurz gesagt: der Erfolglosigkeit, des Scheiterns.

Es gibt Herrscher, denen werfen spätere Generationen ihre Untaten vor, aber es gibt auch solche, die von der Nachwelt wegen ihrer verhängnisvollen Untätigkeit angeklagt werden. Sie ist längst zu schwach, um zu leiten und klar zu entscheiden. Sie nimmt die schleichende Ideologisierung der Strukturen ihres Landes tatenlos hin, die Ausbeutung seiner Sozialsysteme, die Ruinierung seiner Rentenkassen, die Verunsicherung seiner Straßen und öffentlichen Räume, die Islamisierung seiner Schulhöfe. Sie überlässt die deutsche Außenpolitik einer notorisch judenfeindlichen Partei, deren inkompetente, von verjährten Ideologien getriebene Möchtegern-Politiker Milliarden Steuergelder an korrupte mittelöstliche Regimes und Terrorgruppen vergeuden.

Und sie ist, last not least, vollkommen kritikresistent. Aufgewachsen in hermetischen Milieus, in ihrer FDJ-Karriere und Tätigkeit in einem abgeschotteten DDR-Staatslabor, dann im Parteiapparat der CDU, weiß sie, worauf es einzig ankommt: die Wahrung ihrer Macht innerhalb eines geschlossenen Systems. Solange dieses System besteht, kann der darin Geborgenen, von Leibwächtern Geschützten gleichgültig sein, welche Stürme draußen blasen. Was immer wir hier schreiben – und wäre es selbst mit dem scharfen Witz Voltaires, der Leidenschaft eines Savonarola oder der satirischen Wucht eines Daniel Defoe vorgetragen – entlockt ihr allenfalls ein müdes Lächeln.

Irgendetwas ist in den viel zu langen Jahren ihrer Kanzlerschaft mit Deutschland geschehen, was sich nicht wieder reparieren lässt. *Angelus mortis* ist der lateinische Name des Todesengels. Seine Berührung verwandelt Lebendes in Totes, Hoffnung in Depression, eben noch blühendes Land in Wüste. Gibt es ihn auch in weiblicher Form? Dann würde er Angela heißen, *Angela mortis*.

# „Sie schlägt den Takt mit dem Hammer"

8. Februar 2020

Nun hat sie wieder ein neues Wort gefunden, tödlich wie der Biss einer Giftschlange: „unverzeihlich". So nannte sie die ihr nicht genehme Wahl eines Thüringer Ministerpräsidenten. Es erinnert an „nicht hilfreich", womit sie damals Thilo Sarrazin um sein Amt brachte. Sie setzt solche simplen Signale gezielt ein, um zu zerstören, zu ruinieren, Zeichen zu geben für die von ihr apostrophierte Alternativlosigkeit. *„Seine Worte wie Zentnergewichte genau"*, schrieb der im Gulag getötete russische Dichter Ossip Mandelstam in einem Gedicht über Stalin, auch damals waren es kurze Bemerkungen, schlichte Zeichen. Sie genügen im deutschen Politik-Betrieb, der sich zunehmend in ein Biotop serviler Schleicher verwandelt, damit ihr zuliebe jeder eliminiert wird, der ihr nicht passt.

Eigentlich ist es nicht ihre Aufgabe, über die Personalpolitik im Freistaat Thüringen zu entscheiden. Oder über Bücher zu befinden, die sie nicht kennt. Sie tut es trotzdem. Mit der Selbstherrlichkeit einer absolutistischen Herrscherin. Irgendwo habe ich gelesen, ihr Vorbild sei die Zarin Katharina, genannt „die Große". Deren Weg zur Macht Leichen säumten. Auch sie, die frühere FDJ-Funktionärin, hat die hypnotisierende Kraft einer Anaconda. Ich fange an, mich vor dieser Frau zu fürchten.

Offenbar teilen auch andere mein Gefühl, es ginge in Deutschland nicht mehr mit rechten Dingen zu. Was ist vorgestern in Erfurt geschehen? *„Allen, die sich jetzt um die Demokratie sorgen, möchte man sagen: Das ist Demokratie!"*, schrieb die *Neue Zürcher Zeitung*, die dieser Tage, angesichts gleichgeschalteter Leitmedien in Hamburg, Frankfurt, München und Berlin, zur Stimme der Vernunft im deutschsprachigen Raum avanciert. *„Was im Erfurter Landtag stattgefunden hat, ist eine freie Wahl, und darüber hinaus hat ein liberaler und bürgerlicher Kandidat diese Wahl gewonnen. Es gibt keinen plausiblen Grund, das Ergebnis moralisch zu verurteilen."*

So könnte man es sehen. Als Demokrat. Was „die mächtigste Frau der Welt" bekanntermaßen nicht ist. Das ihr unliebsame Thüringer Wahlergebnis müsse „*wieder rückgängig gemacht werden*", ließ sie diktatorisch, zudem in einzigartiger Einfalt verlauten (aus Südafrika, wo sie grad auf Goodwill-Tour ist). Als ob man irgendetwas in der Politik „wieder rückgängig machen" könnte! Was geschehen ist, ist geschehen, sei es der Einlass hunderttausender militanter Muslime auf ihr Geheiß, sei es die Wahl eines Ministerpräsidenten durch Abgeordnete einer Partei, die sie gern weghexen würde. In Erfurt rollen die Köpfe. Säuberungen in innerparteilichen Gremien beginnen, diesmal ganz offen. Die Brachialgewalt, mit der sie vorgeht, ist sichtlich ein Zeichen von Schwäche. Doch es handelt sich um eine Schwäche, die noch manchen Kopf und Kragen kosten kann.

Auf das, was in Erfurt geschehen ist, hat sie auf die denkbar dümmste Weise reagiert: Sie hat der Welt gezeigt, dass Deutschland unter ihrer Herrschaft keine Demokratie mehr ist. Es geht zu wie in Mandelstams Gedicht auf Stalin, das den jüdischen Dichter 1938 das Leben kostete und das ich hier zitiere, im Geschlecht abgewandelt: „*Mit dienstbaren Halbmenschen spielt sie herum/ Die pfeifen, miaun oder jammern./ Sie allein schlägt den Takt mit dem Hammer.*"

# Variationen des Wahnsinns
23. Februar 2020

Der Täter von Hanau war offensichtlich geisteskrank, wie sein vorher aufgezeichnetes Bekennervideo belegt, ein konfuser, bösartiger, sinnloser Rundumschlag gegen Afrikaner, Juden, Frauen und andere dem 43-jährigen Bankkaufmann verhasste Gruppen. Er bezichtigte die USA, ihre Bevölkerung durch Geheimdienste zu kontrollieren („mind control"), um ein „modernes System der Sklaverei" zu errichten, was ihn eigentlich in die Nähe linker Ideologien rückt. Sein pathologischer Menschenhass ging so weit, dass er zum Schluss auch noch seine eigene Mutter erschoss. Das hindert die Grabenkämpfer „gegen rechts" nicht daran, seine komplexe Geistesstörung auf ein simples Muster von „Rechtsextremismus" und „Rassismus" zu reduzieren. Die Medien geben die Parole aus, er habe (um pars pro toto die *Frankfurter Allgemeine* vom 21.2. zu zitieren), aus „*rechtsradikalen und rassistischen Motiven neun Menschen mit ausländischen Wurzeln erschossen.*"

Dagegen war am 29. Juli 2019, als auf dem Frankfurter Hauptbahnhof ein achtjähriger Junge vor den einfahrenden Zug gestoßen und getötet wurde, die „psychische Krankheit" des aus Nordafrika stammenden Mörders sofort entschuldigend in aller Munde. Sie bestimmte schon am nächsten Tag die Berichterstattung der deutschen Medien. Niemand hätte gewagt, dem Täter „Rassismus" vorzuwerfen, obwohl er als Afrikaner gezielt ein weißes Kind tötete. Die Staatsanwaltschaft Frankfurt weigerte sich (in ihrem öffentlichen Statement vom 28. November 2019), die Untat als „Mord" einzustufen. „*Die Staatsanwaltschaft hat gegen den 40 Jahre alten Beschuldigten keine Anklage erhoben*", berichtete die Zeitschrift *Focus*. „*Laut einem psychiatrischen Gutachten leidet der Mann an einer paranoiden Schizophrenie, die als krankhafte seelische Störung zu werten ist. Der Gutachter geht davon aus, dass der mutmaßliche Täter zur Tatzeit schuldunfähig war.*"

Die parteiische Art, wie mit solchen Verbrechen umgegangen wird, offenbart nicht nur Deutschlands tiefe Spaltung in unversöhnliche, einander hassende politische Lager, die in Tagen heraufziehender Krisen lebensgefährlich für das ganze Land werden kann, sie zeigt auch einen unzivilen Mangel an Fairness und Anstand, der die heutige politisch-mediale Landschaft in Deutschland charakterisiert. Während im einen Fall ängstlich vor einem „Generalverdacht" gewarnt wird, ist er im anderen Fall nur allzu schnell bei der Hand. Während der eine Mord rasch mit einer psychischen Störung entschuldigt, der Mörder nicht einmal angeklagt wird, stuft man im anderen Fall einen Psychopathen als voll verantwortlich ein, als typischen Vertreter einer unliebsamen politischen Gesinnung. Das wird gedreht, wie es gerade passt. Skrupellos, wie im Reflex, ohne Erbarmen.

Als wir zu Beginn der 1980er Jahre in die Bundesrepublik Deutschland emigrierten, kamen wir in ein zutiefst friedliches Land. Jüngere Deutsche haben diese vergleichsweise Idylle nicht mehr kennengelernt. Weder Salafisten noch Neonazis waren im Alltag spürbar, man konnte ihre Existenz, wenn man wollte, erfolgreich ignorieren. Die – relativ seltenen – Anschläge der Roten Armee Fraktion waren Höhepunkte des Schreckens. Sonst ließ man einander leben, es galt als unanständig, seinen Mitbürger zu denunzieren.

Zugleich haben diese Jahrzehnte in Frieden und Wohlstand das Gefahrenbewusstsein in Deutschland verkümmern lassen. Islamischer Terrorismus war, wenn man sich seine Existenz überhaupt eingestand, auf Israel und die USA zurückzuführen, auf Kapitalismus und Kolonialismus, beim Islam handelte es sich um eine „Friedensreligion", und niemanden stimmte es nachdenklich, dass sich Mohammed Atta, der Anführer der Attentäter auf das World Trade Center am 11. September 2001, ausgerechnet die vernebelte Bundesrepublik als Wohnort aussuchte, um dort, in Hamburg, zehn Jahre lang in Ruhe seine Pläne zur Vernichtung von Juden, Amerikanern und anderen ihm verhassten Menschen auszubrüten.

Heute das andere Extrem: Die politisch korrekte Öffentlichkeit Deutschlands vibriert vor Wachsamkeit. Die Denunzianten sind in ständiger Bereitschaft. *„Da hat einer geschossen in Hanau, danach sieht es aus, aber es waren viele, die ihn munitioniert haben…"*, findet ein prominenter SPD-Politiker. Wo freie Meinungsäußerung herrscht, klagt Claudia Roth, sind die Verbrechen nicht fern: *„Es fängt an mit dem Sagbaren, und dann kommt das Machbare."* Jakob Augstein wird konkreter: *„Die Wegbereiter der Gewalt* *haben Namen und Adresse: Sarrazin, Broder, Tichy, und andere, die die Verrohung des Diskurses vorangetrieben haben…"*

Heute gibt es zwei Arten von Wahnsinn: den anerkannten, der dazu dient, eine Untat zu entschuldigen, und den, der ignoriert wird, damit der Psychopath als Gesinnungstäter dargestellt und die Hetzjagd auf Hintermänner, Verroher des Diskurses und alle „Rechten" eröffnet werden kann. Darüber thronen jene, die in unerschütterlicher moralischer Hoheit entscheiden, wann es sich um Wahnsinn handelt und wann um eine Gesinnungstat: Claudia Roth, Jakob Augstein und die Genossen von der SPD. Sie verkörpern die dritte Variante von deutschem Wahnsinn. Für mein Gefühl: die gefährlichste.

# Alternativlos ins Aus
11. April 2020

Die Corona-Krise hinterlässt viele Verlierer und wenige Gewinner. Zu den großen Gewinnern gehört die deutsche Bundeskanzlerin, wie das führende Blatt der Hofberichterstattung, *Der Spiegel*, am 9.4.2020 mit beglücktem Unterton mitteilen konnte: *„Zum Ende ihrer Zeit im Kanzleramt wird Angela Merkel noch einmal zur unangefochtenen Krisenmanagerin (...) Merkels Beliebtheitswerte sind so hoch wie noch nie in dieser Legislaturperiode. Die Kanzlerin erscheint den Deutschen derzeit, um ein zumindest früher bei ihr beliebtes Krisenbewältigungswort zu benutzen: alternativlos."*

Sie ist nicht die erste Herrscherfigur in Deutschlands Geschichte, die mit diesem Attribut in den Untergang schipperte. (Abgesehen davon, dass es viel zu früh ist, die Merkelsche „Krisenbewältigung" zu loben, denn die wirklichen Krisen – ausgelöst weniger durch das Corona-Virus selbst als durch die dagegen ergriffenen Maßnahmen – kommen erst noch auf uns zu.) „Alternativlos" waren der Kaiser, der Führer und der Generalsekretär, die Deutschland (oder Teile davon) Jahrzehnte lang regierten. Die unruhige Weimarer Republik erweist sich im Nachhinein als kurzes Experiment inmitten einer im Osten hundertjährigen, im Westen etwas kürzer währenden Epoche stabiler Alleinherrschaften und Alternativlosigkeiten.

In dieser Periode wurde die Mentalität des deutschen Untertanen geprägt und gefestigt. Sein Hauptmerkmal: Er war des Nachdenkens über andere Möglichkeiten enthoben. Denn es gab sie nicht. Generationen deutscher Staatsbürger haben nie gelernt, Alternativen überhaupt für denkbar zu halten. Der Kaiser war Herrscher „von Gottes Gnaden", Hitler hatte nach eigenem Zeugnis die „Vorsehung" erwählt und den Generalsekretär der SED die Parteispitze in Moskau, damals ebenfalls eine gottgleiche Institution.

Was diese zu ihrer Zeit „unangefochtenen" Alleinherrscher besonders auszeichnet: Sie alle haben Deutschland katastrophalen Schaden zugefügt. Das gestand man sich jedoch immer erst hinterher ein. Vorher, solange sie an der Macht waren, wurden sie einhellig umjubelt. Und die wenigen kritischen Geister zum Schweigen gebracht. Die begeisterten Anhänger der „alternativlosen" Herrscher haben nie wirklich den Zusammenhang zwischen ihrem glücklichen Gehorsam und der folgenden Katastrophe verstanden. „Alternativlos" ist Synonym für einen Weg ins Aus. Ein hoffnungsloses Programm.

Wie ein Garten zur Wüste wird

# Stuttgart im Sturzflug
25. Juni 2020

An die Jahre in Stuttgart erinnere ich mich mit gemischten Gefühlen. Wir zogen uns dorthin zurück, weil wir in Berlin nicht sicher waren. In West-Berlin operierten osteuropäische Geheimdienste mit einer Dreistigkeit, die für uns, weggelaufene Kinder der DDR-Nomenklatur, Mitwisser, die das Schweigen brachen, spürbar gefährlich war. Jürgen Fuchs hat die gegen ihn und andere Ost-Dissidenten grenzübergreifend angewandten „Maßnahmen zur psychologischen Zersetzung" in seinen Büchern genauer untersucht. Baden-Württemberg schien uns sicherer, auch für die Kinder, wir packten unsere Sachen und verließen Berlin.

Stuttgart war ein sanfter Schock. Ich hatte ein solches Ausmaß an sorglosem Wohlstand noch nie erlebt. Die Stadt hatte etwas Unheimliches in ihrer scheinbaren Unanfechtbarkeit. Doch die Idylle schien stabil. Damals hätte ich mir nicht vorstellen können, dass sie jemals ernsthaft zu erschüttern wäre. Wir zogen in eine Kleinstadt nahebei, Esslingen am Neckar, zwanzig Minuten Autofahrt zum *Süddeutschen Rundfunk,* wo ich als sogenannter „fester freier Mitarbeiter" regelmäßig zu tun hatte. Der Reichtum der Gegend zeigte sich unter anderem darin, dass der *Süddeutsche Rundfunk* vier verschiedene Literaturredaktionen unterhielt – es gab also genug Arbeit. Wir hatten gute Freunde in Stuttgart, die uns auf die Beine halfen, unter ihnen war der Designer Kurt Weidemann, Berater des damaligen Chefs von Daimler-Benz, Edzard Reuter.

In Kurts Villa auf dem Killesberg sahen wir ein paar Mal leitende Manager des Automobil-Konzerns, auch sie wirkten ein wenig abgehoben und auf etwas unheimliche Weise selbstsicher. In Stuttgart und Umgebung wurde der Konzern respektvoll, fast zärtlich, „der Daimler" genannt. „Der Daimler" versorgte hunderttausende Menschen mit einem im Osten unvorstellbaren Wohlleben, nicht nur all jene, die direkt dort arbeiteten, sondern auch über hunderte Zulieferbetriebe, die an ihm hingen. In Esslingen gab es deren Dutzende, die auch dieser Stadt durch die Gewerbesteuer soliden Reichtum bescherten, den Antennenbauer Hirschmann oder die Firma Festo mit über 20.000 Mitarbeitern, spezialisiert auf Automatisierungstechnik. Mit dem Sohn und Erben dieser Firma ging unsere Tochter in eine Schulklasse, auch mit anderen Erben mittelständischer Unternehmen, sie kamen zu uns ins Haus, freundliche, arglose junge Leute, sonnengebräunt vom letzten Ski-Urlaub.

Auch unsere Kinder verbrachten dort sorglose Jahre und genossen eine ausgezeichnete Schulbildung. Sie hielt noch vor, als wir 1988 nach Berlin zurückkehrten, wo sie ihr Abitur machten, mühelos, nach der soliden Vorbereitung im baden-württembergischen Schulsystem. Das „Ländle" schien damals zukunftsträchtig. Auf manchen Gebieten war man der Entwicklung voraus: Zu den Elternversammlungen erschienen grün angehauchte Mütter im Zweitwagen, Porsche oder Mercedes-Coupé und beklagten sich über das kalorienreiche Schulessen, das nicht den modernen Erkenntnissen der Ernährungswissenschaft entsprach. Während ich Rundfunk-Essays über im GULag ermordete russische Dichter schrieb und mich mit dem Horror des Realsozialismus beschäftigte. So richtig gut haben wir uns, trotz achtbarer Anstrengung auf beiden Seiten, mit den progressiven Nachbarn in Esslingen nicht verstanden. Wir besuchten sie zum Abendessen in ihren Villen, doch lernten bald, dass wir ihnen die Laune verdarben mit unseren Erzählungen von Elend und Grausamkeit irgendwo anders in der Welt.

Mich überraschte schon damals das völlige Fehlen von Gefahrenbewusstsein bei diesen jungen Westdeutschen, die sich wenige Jahrzehnte nach der großen Katastrophe in eine Atmosphäre falscher Ahnungslosigkeit gehüllt hatten wie in Wattewolken. Dabei waren Krieg und Grauen an ihrer Gegend keineswegs spurlos vorbeigegangen, Stuttgart hatte schwer gelitten, fast 70% der Wohngebäude, 75% der Industrieanlagen wurden bei insgesamt 53 alliierten Luftangriffen zerstört, die heutige Innenstadt besteht zum großen Teil aus den eilig hochgezogenen Betonbauten der 50er bis 70er Jahre, und die Königsstraße, eine elegante Einkaufsmeile, vom damals noch intakten Hauptbahnhof zum Rotebühlplatz führend, wirkte eher erkältend in ihrer betont auf „Business" gestylten Stringenz.

Eine saubere, selbstzufriedene, seltsam schweigsame Stadt. Von nicht zu erschütterndem Reichtum. So behielt ich sie in Erinnerung, als ich

1994, schon aus dem Ausland kommend, meine letzten Sendungen im Hochhaus des *Süddeutschen Rundfunks* aufnahm. Erst 2012 kam ich wieder nach Stuttgart zu einer Lesung, da traten schon ein paar ernsthafte Probleme zutage. Der Hauptbahnhof war eine chaotische Großbaustelle, das dubiose Projekt Stuttgart 21, ein inzwischen auf 10 Milliarden Baukosten geschätzter Vorläufer des niemals endenden Berliner Flughafenbaus, hatte blutige Zusammenstöße provoziert. Vor allem aber: Die Gewinne der Autoindustrie gingen allmählich zurück. *„Solange die Chinesen unsere Autos kaufen, geht es noch"*, sagte der Gewerkschafter Lothar Galow-Bergemann, ein intelligenter Linker, der mich vom Bahnhof abholte. Wir liefen durch die Königsstraße, die gegenüber den Neunzigern deutlich an Glanz eingebüßt hatte, und sprachen über den allmählichen Niedergang einer einst heilen Welt.

Ab 2015 muss Stuttgart das übliche Schicksal deutscher Ballungsräume getroffen haben: der Influx von muslimischen jungen Männern. Die Stadt tauchte auf in der Berichterstattung über die berüchtigte Silvesternacht, in der die jungen Wüstenkrieger ihre Beute begutachten wollten. Unter den lautstarken Befürwortern der unkontrollierten Einwanderung war der damalige Daimler-Chef Dieter Zetsche, der sich inzwischen mit einer exorbitanten Pension in den verdienten Ruhestand zurückgezogen hat. Im gleichen Jahr fanden sich überraschend negative Darstellungen in den Medien: Plötzlich wurden seit langem bestehende Verwaltungsschwächen wahrgenommen, eine aus der Selbstzufriedenheit entstandene Ineffizienz im Umgang mit den neuen Problemen. Die Stuttgarter Nachrichten berichtete am 25.6.2015 von einem Treffen der Stadtarchitekten, auf dem aus einem Tatort-Film zitiert wurde: Stuttgart, hieß es da, sei *„ein Dreckloch, ein städtebaulicher Irrtum, ein zubetonierter Talkessel, der von den Abgasen einer ewig im Stau stehenden Blechlawine aufgeheizt wird."*

Dann kamen auch aus dem „Ländle" die seit 2015 üblichen Meldungen, etwa am 17.7.2017: *„Amokalarm in Esslingen. Mann mit Schusswaffe auf Schulhof"* oder am 31.7.2019: *„Stuttgart: Mann auf der Straße mit Schwert erstochen"*. Wobei die *Bild*-Zeitung unerschrocken hinzufügte, der Täter Issa Mohammed sei eigentlich ein Palästinenser aus dem weitgehend friedlichen Jordanien und nicht, wie er den deutschen Behörden angegeben hatte, ein bedrohter Bürgerkriegsflüchtling aus Syrien. Wie ich sie kannte, werden die mit Issas Integration betrauten schwäbischen Beamten so unerhebliche Unterschiede kaum wahrgenommen haben.

Bald folgten noch beunruhigendere Nachrichten. Die *Stuttgarter Zeitung* meldete am 19.6.2019: *„Die fetten Jahre sind vorbei, die Stadt Esslingen muss den Gürtel enger schnallen. Viel enger: Weil die Gewerbesteuereinnahmen in diesem Jahr um rund 20 Millionen Euro hinter den Erwartungen zurückliegen werden, hat die Esslinger Verwaltungsspitze eine Haushaltssperre erlassen."* Den Grund dafür konnte man am 2.7. aus der Zeitschrift *Automobilwoche* erfahren: *„Der Export deutscher Autos ist im ersten Halbjahr deutlich zurückgegangen. Das hat sich auch auf die Produktion ausgewirkt."*

Besonders betroffen war „der Daimler". Verschiedene Zeitungen meldeten Mitte Februar 2020: *„Daimler entlässt 15.000 Mitarbeiter."* Das war noch vor Corona. Die durch das Virus ausgelöste Panikreaktion hat den angeschlagenen Konzern nochmals dramatisch geschwächt. *Stern online* (und andere) am 6.5.: *„Die Zahl der Auto-Neuzulassungen ist im April wegen der Corona-Krise dramatisch eingebrochen. Sie sank im Vergleich zum Vorjahresmonat um 61,1 Prozent, wie das Kraftfahrt-Bundesamt in Flensburg am Mittwoch mitteilte. Einen Zuwachs erzielte einzig der US-Elektroautobauer Tesla mit rund zehn Prozent. Bei allen deutschen Marken zeigten sich zweistellige Rückgänge (...) Sie reichen von einem Minus von 39,2 Prozent bei Mini von BMW bis zu einem Minus von 94,1 Prozent bei Smart von Mercedes."*

Ökonomischer Niedergang und staatlich begünstigte Masseneinwanderung junger Muslime sind – wie schon in anderen Regionen, etwa Berlin oder dem Ruhrgebiet, sichtbar wurde – eine explosive, leicht entflammbare Mischung. Seit längerem scheint die Stuttgarter Innenstadt von den üblichen nächtlichen Aktivitäten belebt, die Politik und Medien beschönigend als *„Party- und Eventszene"* bezeichnen. In Wahrheit Instant-Packungen eines latenten Bürgerkriegs. *„Die Schaufenster von 40 Geschäften demoliert, zwölf Polizeiautos beschädigt, 23 Beamte verletzt"*, so die *Bild*-Zeitung am 23.6.2020. *„Baden-Württembergs Ministerpräsident Winfried Kretschmann (72, Grüne) hat die Randalierer, die in der Nacht zu Sonntag die Innenstadt von Stuttgart verwüsteten, scharf verurteilt: ‚(...) Das sind junge Männer, die offenkundig kriminelle Energie haben.'"*

In Stuttgart treffen kampfbereite junge Nomaden aus Milieus, in denen blutige Gewalt alltäglich ist, auf im Wohlstand erschlaffte Edelmenschen, deren ganze Sorge ihrer Bio-Kost, dem Ferienhaus in der Toskana und Krötenschutzzonen galt. Ich kenne beide Mentalitäten, die der lange im „Ländle" Ansässigen und die der dort neuerdings Einwandernden, aus persönlicher Nähe und fürchte, dass sie – zumindest fürs Erste – unvereinbar sind.

# Das kalte Herz
7. September 2020

Ja, ich habe die Fahnen der „Reichsdeutschen" vor dem Reichstag gesehen. Sie wurden tagelang in allen Zeitungen und Fernsehkanälen gezeigt. Doch darum soll es hier nicht gehen. Sondern um den infamen Versuch deutscher Politiker und der mit ihnen verbündeten Medien, die vielen, vielen Tausende, die an den vergangenen Wochenenden in Berlin auf die Straße gingen, um gegen das Ersticken der Demokratie in Deutschland zu demonstrieren, auf diese paar hundert „Reichsdeutsche" zu reduzieren.

Und sie dadurch zu verleumden, als „rechtsradikal", geistig verwirrt, Anhänger von „Verschwörungstheorien" darzustellen, als Außenseiter, die man nicht ernst nehmen muss. Es lässt sich in den Alt-Medien nachlesen oder anschauen: das ganze Arsenal der Arroganz einer angemaßten Elite. Dabei konnte, wer Augen im Kopf hat, sehen, dass die meisten Demonstranten normale Bürger waren, die sich Sorgen machen um die Zukunft ihres Landes und ihrer Kinder. Menschen, die bereits von der Wirtschaftskrise getroffen wurden, die noch viele treffen wird. Man hat auch die Regenbogenflagge auf den Demos gesehen, Plakate mit vernünftigen Forderungen, sogar eine Israel-Fahne. Trotzdem lesen wir in den linientreuen Medien fast nur von den „Reichsbürgern", alle anderen Beteiligten werden mit Stillschweigen abgetan.

Das ist vielleicht die größte Schwäche des Merkel-Imperiums: die Verachtung, die Kälte. Angela Merkel ist jetzt, wo es darauf ankäme, Mitgefühl zu zeigen, Ansprechbarkeit für die rasant zunehmenden Probleme ihrer Mitmenschen, die falsche Frau. Im Doppelsinn des Wortes: Sie tut das Falsche und sie spielt falsches Spiel. Ihr Regierungssystem zeigt schon seit längerem einen zunehmenden Mangel an Empathie. Er betrifft alle: die genuinen Deutschen wie die Einwanderer, Christen wie Juden, Muslime wie Atheisten. Auch die Flüchtlinge aus dem syrischen Bürgerkrieg wurden nicht, wie von einer inszenierten „Willkommenskultur" geheuchelt, aus Mitgefühl ins Land geholt, sondern aus der Fehlkalkulation deutscher Wirtschaftsbosse, sie könnten mit den „geschenkten Menschen" die schwindende Manpower in ihren Fertigungshallen auffrischen. Oder aus den Tagträumen grüner LangweilerInnen, ihr eigenes ödes Dasein würde dadurch „bunter". Was sich, das eine wie das andere, als naives Wunschdenken erwies.

Die Kälte geht von der Kanzlerin aus. Man muss die Pressekonferenz am 27. August gesehen haben, in der sie eiskalt, beherrscht, mit monotoner Stimme, doch mit unterbewusst vibrierender Wonne, neue, schmerzhafte, mit der „Corona-Gefahr" begründete Einschränkungen und Verbote für ihre Steuersubjekte verfügte. Ihre Ausstrahlung ist längst eine hinter falscher Vernünftigkeit, „Besonnenheit", sprachlicher Nichtigkeit nur noch schlecht verborgene Menschenverachtung. Sie kann nicht lieben. Nicht respektieren. Sie kann nur verwalten. Diese Frau ist unangefochten wie ein Eisblock. Und so ist der Machtapparat, den sie aufgebaut hat – es ist das, was sie am besten kann.

Sie hat ihr Land längst auf erschreckende Weise eingefroren und zentralisiert. Die Gewaltenteilung, eine Grundbedingung der bürgerlichen Demokratie, funktioniert nur noch rudimentär. Immerhin gab es noch ein paar unabhängige Richter, die wenigstens die größte Schmach verhindert haben: dass die Demonstrationen per Dekret eines von der letzten Diktatur geprägten Innensenators von vornherein verboten wurden. Wenn die Kaltherzige dazu wenigstens geschwiegen hätte. Nein, sie äußerte „Respekt" für den dummen, zutiefst undemokratischen Versuch des Berliner Senats.

Die deutsche Zentrale, das Herz dieses zunehmend zentralistischen Systems, ist das Bundeskanzleramt in Berlin. Dort schlägt ungerührt, unablässig, um es mit einem Märchen von Wilhelm Hauff zu sagen, *„das kalte Herz"*. Oder mit der Metapher eines anderen Märchendichters: Dort sitzt die Schneekönigin mit ihrem eiskalten Hof, ihren herzlosen Ministern, ihren gefrorenen Gefolgsleuten. Dort schalten und walten sie, eingesponnen in ihren Kokon, nennen die, von denen sie leben, „die Menschen da draußen" und antworten auf deren Nöte mit Verleumdungen und Verachtung. Dort werden die Verwaltungsakte erlassen, die Verbote, Verordnungen, die Deutschland, das sich eben von zwei Diktaturen zu erholen begann, erneut in eine Eiswüste verwandeln.

Vielleicht würden die Brüche, die Deutschland erneut in Stücke splittern lassen wie Eis unter Druck, nicht so schmerzhaft und zerstörerisch ausfallen, wenn die Verwaltenden dieses Landes menschlicher wären. Wenn die Herrscherin jetzt ein wenig Mitgefühl zeigen könnte, ein paar warmherzige Worte für die Zehntausende, die dieser Tage ihre Existenz verloren haben oder spürbar verarmt sind. Für die Millionen – von Schulanfängern bis zu pflegebedürftigen Senioren –, deren Leben über Nacht eingestürzt ist. Unter Quarantäne, Begegnungsverbote, Maskenzwang gestellt wurde. Eine Geste des Verständnisses für die Bedrückten, die es auf die Straßen treibt, um ihre Verzweiflung hörbar zu machen. Sie würde genügen, um die Stimmung zu entspannen.

Doch dazu ist Angela Merkel außerstande. Sie empfindet nur Mitgefühl für sich und ihren Apparat. Die auf Regierungskurs getrimmten deutschen Medien kritisieren unentwegt die Staatschefs anderer Länder, nur die Fehlstelle im Eigenen sehen sie nicht, die seelenlose, kalte Kanzlerin und ihren Hof, die ihr eigenes Volk zur Verzweiflung treiben.

# Medien: Die Übernahme

20. November 2020

Ein Politiker hat mich einst gefragt, was ich von Beruf sei, und als ich antwortete, ich schriebe Bücher, nochmal nachgefragt: *„Ich meine, was ist ihr richtiger Beruf?"* Meine humorlose Antwort: *„Bücherschreiben ist ein richtiger Beruf"* ging sichtlich an ihm vorbei. Er gab mir seine Visitenkarte und ließ fallen, wenn ich in Schwierigkeiten käme, könnte ich ihn anrufen. Der Mann war Abgeordneter einer (damals noch) konservativ-gutbürgerlichen Partei. Literatur war für ihn ein Hobby oder ein politisch-propagandistisches Mittel. Viele Zeitgenossen verstehen nicht, wozu all das verrückte Zeug, Kunst, Literatur, Kultur überhaupt nötig sein soll. Unser einziger Trost: Die Nachwelt sieht es anders.

Zur Schande der despotischen Zarin Jelisaweta Petrowna von Russland wird noch heute in den Geschichtsbüchern angeführt, während ihrer Regierungszeit seien im ganzen Reich nur zwei neue Bücher erschienen. Und zur Ehre ihres Zeitgenossen Friedrich II., König von Preußen, erwähnt man weniger gern dessen Kriege als seine Freundschaft mit dem Schriftsteller Voltaire, dem Enzyklopädisten D'Alembert oder der Musikerfamilie Bach. Kunst und Kultur mögen vielen Zeitgenossen überflüssig erscheinen, doch die Nachgeborenen finden in den hinterlassenen Werken Zeugnisse ihrer eigenen Vorgeschichte, die Parameter ihrer kulturellen Verwurzelung, die Legitimation ihres heutigen Handelns, Anregung und Unterhaltung, manchmal wahre Schätze.

Man misst den Zustand einer Gesellschaft später nicht zuletzt daran, wie es in ihr um Kunst und Kultur, kritisches Denken und Literatur bestellt war. Das alles ist jedem Schulkind bekannt, dennoch muss es wiederholt werden: Weil es auch heute noch Regierende und Politiker gibt, die Kunst und Kultur missachten und ihre Urheber behindern, schädigen und verfolgen. So ist spätestens seit ihren Attacken gegen das erste Buch des kritischen Publizisten Thilo Sarrazin bekannt, wie wenig die deutsche Bundeskanzlerin vom Bücherschreiben hält, dass sie Bücher verurteilt, ohne sie zu lesen, und nicht einmal davor zurückschreckt, Autoren wegen

Abweichung von ihrer beschränkten PolitikerInnen-Perspektive öffentlich zu demontieren.

Da nimmt es nicht wunder, dass sich der Berufsstand freier Autoren unter der Regentschaft Angela Merkels im Niedergang befindet. Sie ähnelt eher der Zarin Jelisaweta Petrowna als dem schreibenden und musizierenden Preußenkönig. Ich glaube auch nicht, dass sie jemals mit einem Schriftsteller befreundet war und mit ihm Gespräche führte. (Dabei wäre es ihr, angesichts der Dürftigkeit ihres Redestils, dringend anzuraten.) Schon in den vergangenen Jahren haben freie Autoren und andere Künstler über zunehmende Schikanen deutscher Behörden, zum Beispiel der Finanzämter, geklagt, nicht wenige sind verarmt und in echte Existenznot geraten. Die mit dem Corona-Virus begründeten Restriktionen des öffentlichen Lebens ruinieren nun viele Autoren vollends.

Unter den mittelständischen und kleinen Unternehmen, die dieser Tage ins Trudeln geraten, sind viele Buch- und Zeitschriftenverlage. In der Not geht ihre Bereitschaft, neue Bücher oder die Texte bisher unbekannter Autoren zu riskieren, sichtlich zurück. Ganze Verlagsprogramme verschwinden oder werden qualvoll reduziert. Literarische Zeitschriften gibt es kaum noch, die meisten sind im Verlauf des letzten Jahrzehnts sang- und klanglos eingestellt worden. Der Rundfunk, früher ein wichtiger Auftraggeber freier Autoren, hat seit Jahren seine „Wort-Sendungen" sukzessive zurückgefahren. Auch um den Buchhandel steht es schlecht. Eine der wichtigsten Einnahmequellen vieler Autoren, öffentliche Lesungen, Vorträge, Diskussionsabende, droht im Jahr des Corona-Lockdown gleichfalls durch Verbote und kaum zumutbare Auflagen zu versiegen.

Wer heute diesen Beruf ergreift, muss entweder vermögend sein, asketisch veranlagt oder – sagen wir es offen – korrupt. Viele Autoren können nur durch außerliterarische Hauptberufe überleben. Andere, indem sie sich bemühen, den Geschmack der Geldgeber des Medien- und Literaturbetriebs zu treffen – etwa wie es, in einem besonders deutlichen Fall, der *Spiegel*-Autor Relotius versucht hat. In diesem System werden üppig Literatur- und Journalistenpreise an anstellige Autoren verteilt (wie einige auch an Relotius gingen), Hunderte pro Jahr, sowie Stipendien und andere Gratifikationen, was zu immer größerer Rücksichtnahme auf die Interessen der – in Deutschland oft staatlich verankerten – Geldgeber führt. Verteilungsprinzip der Ausschüttung ist zunehmend die weltanschauliche „Haltung" der Autoren. Unabhängige Berichterstattung oder freie Literatur kann man das beim besten Willen nicht mehr nennen.

Was die deutschen Printmedien betrifft, ist die Bundesregierung ganz offen dabei, den Betrieb unter ihre Kontrolle zu bringen. Der Niedergang der großen deutschen Zeitungen und Wochenblätter, die unter ruinösem Auflagenschwund leiden, kommt dieser Übernahme entgegen. *Spiegel, stern, Süddeutsche, Welt, FAZ* und wie sie heißen haben durch stringente „politische Korrektheit", durch verdächtige Regierungstreue und Opportunismus das Vertrauen vieler Leser verloren, zu oft sah, was sie verbreiteten, nach Meinungskartell aus, nach vorauseilender Gleichschaltung und versuchter Manipulation – wer noch irgendeinen Rest kritischen Denkens in sich spürt, hat sich inzwischen alternativen Medien zugewandt. Geblieben sind die bekannten, einst großen Namen, fast alle in Geldnot, und Scharen von anpassungswilligen, demütigen Schreibern, die größtenteils auf deutschen Journalistenschulen gelernt haben, worauf es heute wirklich ankommt.

Hier kann nun der Staat aushelfen, mit Steuergeldern. Wie die *Süddeutsche Zeitung* am 2. Juli 2020 berichtete, wurden „*zur Förderung des Absatzes und der Verbreitung von Abonnementzeitungen, -zeitschriften und Anzeigenblättern*" von der Bundesregierung kürzlich 220 Millionen Euro bereitgestellt. Mit diesen Hilfsgeldern solle die „*Medienvielfalt und -verbreitung gefördert, der Journalismus gestärkt und der dringend gebotene Transformationsprozess im Bereich der Abonnementzeitungen befördert werden*", heißt es im Einzelplan 09 („sonstige Bewilligungen") des Zweiten Nachtragshaushaltes 2020. Dabei waren „*die Informationen zu der neu geplanten Verlagsförderung*" auffallend „*spärlich*", schreibt die Zeitung, nicht nur gegenüber der Öffentlichkeit, auch gegenüber den gewählten Volksvertretern, den Abgeordneten des Deutschen Bundestages. Dennoch hat der ungewöhnliche Posten im Schatten der Corona-Panik ohne große Nachfragen die Abstimmung passiert wie dieser Tage so manches, was der Demokratie in Deutschland schrittweise ein Ende macht: „*Der Bundestag hat die Förderung am Donnerstag beschlossen – ohne Sperrvermerk*".

Die Geldvergabe wird diskret vorgenommen, durch Beilagen und Anzeigen, und möglichst nicht solche der Regierung, der Ministerien, des Staates selbst, sondern von ihnen unterhaltener Stiftungen, Institutionen und NGOs. Wenn also beispielsweise die Amadeu Antonio Stiftung künftig in deutschen Medien für ihre dubiosen Aktivitäten werben kann, bezahlen das in Wahrheit deutsche Steuerzahler, da diese Stiftung massiv von der Bundesregierung subventioniert wird. Wodurch der Stiftung ein Gefallen getan wird, da man für sie wirbt, und zugleich dem Leitmedium, sagen wir dem *Spiegel*, indem man ihm die Anzeigen bezahlt, in Wahrheit Steuermittel zukommen lässt. (Es hilft deutschen Steuerzahlern also nicht, wenn sie ihr *Spiegel*-Abonnement kündigen, weil sie der Infiltration überdrüssig sind: Sie bezahlen das Blatt am Ende doch, durch ihre Steuern.)

Nach Logik der regierenden Politiker erwirbt sich die Bundesregierung durch ihre großzügige Förderung auch Rechte. Wer die maroden Medien bezahlt, darf sie künftig auch überwachen. *„Das Bundesinnenministerium will dem Verfassungsschutz erlauben, Journalisten und ihre Redaktionen heimlich digital auszuforschen"*, warnte Ronen Steinke in der *Süddeutschen Zeitung*. Dadurch werde zwar eine früher heilige Größe im Medienbetrieb verletzt, das „Redaktionsgeheimnis", doch Geheimnisse ihrer Bürger sind für zentralistisch planende Politiker ohnehin eher ein Ärgernis. *„Für eine Razzia in einer Zeitungsredaktion gelten heute sehr hohe rechtsstaatliche Hürden (…) Eine heimliche Online-Durchsuchung mithilfe von Spionagesoftware in derselben Redaktion soll nun aber vergleichsweise einfach möglich werden, auch ohne Richtervorbehalt."* So stünde es in einem Entwurf für ein *„Gesetz zur Harmonisierung des Verfassungsschutzrechts"*, der schon *„seit geraumer Zeit in Koalitionskreisen"* kursiert.

Ganz demokratisch wird eine der Stützen der Demokratie, die freie öffentliche Meinungsäußerung, zerstört oder unter die Kontrolle der Regierenden gebracht. Welche Meinung veröffentlicht wird und sich durchsetzt, werden künftig die Fördergelder bestimmen, zielgerichtet eingesetzt von Politikern, für die Literatur kaum anderes ist als ein Instrument der Agitation und Propaganda. (Die Bundeskanzlerin hat bekanntlich schon in ihrer Jugend wertvolle Erfahrungen auf diesem Gebiet gesammelt, als Verantwortliche für Agitation und Propaganda in einer FDJ-Kreisleitung).

Es ist die Rückkehr zum Meinungszentralismus, wie ich ihn aus meiner Jugend in Ostberlin kenne: Funktionäre geben die Meinung vor, willige Schreiber bringen sie unters Volk. Nach den Jahrzehnten der Aufklärung, zu der sich die Bundesrepublik nach dem Desaster der NS-Zeit verpflichtet sah, beginnt nun eine neue Periode von oben gesteuerter Volksverdummung.

Auch die Buchverlage geraten auf geradezu unheimliche Weise unter Kontrolle. Preise, Fördergelder, Stipendien und ähnliches sorgen schon seit längerem für immer mehr staatlichen Einfluss auf die einst gefährliche, unberechenbare schreibende Zunft. So verleiht die für Kultur zuständige Staatsministerin Monika Grütters, eine Christdemokratin, ihre aus Steuergeldern finanzierten Preise nicht nur an Autoren, sondern zunehmend auch an Verlage. Vor allem an die kleinen, die sich früher stolz „Indys" nannten, von *independent,* unabhängig, weil sie nicht zu großen Konzernen gehörten. Auch diese Szene wird allmählich handzahm. Immer öfter kommt es vor, dass sich Verlage von unliebsamen Autoren trennen, sie aus ihren Programmen entfernen, ihnen die jahrelange Zusammenarbeit aufkündigen, um die für staatliche Preisgelder und andere Vergünstigungen nötige „Haltung" zu demonstrieren.

Diese Vorgänge beunruhigen – wie alles, was mit Literatur, Publizistik und Schreiben zu tun hat – nur einen kleinen Teil der Bevölkerung. In Zeiten wirtschaftlicher Krise haben die meisten Menschen näherliegende Sorgen als die Freiheit der Literatur. Dennoch sind die Auswirkungen immens. Das öffentliche Klima wird sich verändern, die Sprache verarmen, der scherzhafte, kritische Ton wird uns abhandenkommen. Karg und bitter wird der öffentliche Diskurs. Vor allem sehr einseitig: von oben nach unten. Und durchgängig korrekt. Aus Sicht der meisten Politiker ist politische Korrektheit eine Tugend. Nur ist sie leider der Tod der Literatur.

# Verbreitet Anetta Kahane Verschwörungstheorien?

28. November 2020

Jemand schickte mir über Facebook ein Video, das Anetta Kahane am 24. November im Saal der Bundespressekonferenz zeigt, gemeinsam mit Felix Klein, dem Antisemitismus-Beauftragten der Bundesregierung, und Kevin Kühnert, dem stellvertretenden Parteivorsitzenden der SPD. Das Thema, wie es Anetta formulierte: „Antisemitismus in Corona-Zeiten". Man beachte den Plural, Corona-*Zeiten:* Hier richten sich gewisse Kreise offenbar auf den fortwährenden Ausnahmezustand ein. Die Versuchung ist groß: Nie zuvor ist es Regierungen in demokratischen Staaten gelungen, so massiv die Rechte ihrer Bürger einzuschränken, die Gesellschaft vom Kleinkind bis zum Greis mit Panik-Propaganda in Angst und Schrecken zu versetzen und alles zu verbieten, was man sowieso, der bequemeren Herrschaft zuliebe, schon immer gern verbieten wollte.

Kurz zu Anetta Kahane, die im Figurenbestand des Merkel-Imperiums als Spezialistin für Antisemitismus geführt wird. Was sie in gewisser Weise auch ist, doch anders, als man denkt: aus dem Erfahrungsschatz einer Täterin. In einer Diktatur Juden zu bespitzeln, ist fraglos ein Fall von aktivem Antisemitismus. Sie einer tödlichen Verfolgungsbehörde als Gegner und Staatsfeinde zu melden, ist noch mehr: aktive Beteiligung an der Verfolgung von Juden. Genau das hat Anetta Kahane getan (zum Beispiel, als sie die Brüder Brasch bei der DDR-Staatssicherheit als „Feinde der DDR" denunzierte, Klaus Brasch nahm sich wenig später das Leben). Es gehört zu den Schandflecken der sonst segensreichen Geschichte der Juden in Deutschland, dass es jüdische Denunzianten gab, wie die Gestapo-Spitzel Stella Goldschlag und Rolf Isaaksohn, die in Berlin versteckte Juden aufspürten. Oder später in der DDR, wo die Denunziation aus politischen Gründen erfolgte, etwa wie die durch Anetta Kahane, als Feind des Staates. Ausgerechnet diese Spezialistin wurde von der Regierung Merkel ausgesucht, die Deutschen über Antisemitismus zu belehren. Eine der vielen grotesken Personalien im schrägen Reich der Kanzlerin.

Worum ging es nun in der von rund einem Dutzend Journalisten besuchten „Bundespressekonferenz"? Zunächst wurde das spärliche Publikum darüber belehrt, dass die „Bundespressekonferenz" ein „regierungsunabhängiger Verein" sei, also eine der vielen mysteriös finanzierten Stiftungen, Körperschaften, Institute etc., die zur Verschleierung der Manipulation und Infiltration durch die Bundesregierung aus dem Hut gezaubert werden. Wie auch die Amadeu Antonio Stiftung zur Bekämpfung von „Rassismus" und „Rechtsextremismus", der die Spezialistin Anetta vorsteht. Eine Milliarde Steuergelder will die Bundesregierung in den nächsten Jahren in den „Kampf gegen rechts" investieren – da braucht es „regierungsunabhängige Vereine" für die manipulative Feinarbeit, mit bewährten Kräften, an die man das viele Geld überweisen kann.

Das vorgetragene Narrativ des Dreigespanns Kahane-Kühnert-Klein war so simpel wie abenteuerlich: „Corona-Leugner" neigten bekanntlich zu „Verschwörungstheorien", zugleich gehörten Verschwörungstheorien zum Arsenal des Antisemitismus – folglich sind alle Gegner der staatlichen Corona-Politik potenzielle Antisemiten. Und daher in Deutschland, wo man nach dem Holocaust den Antisemitismus besonders nachdrücklich bekämpfen muss, zum Abschuss freigegeben. Antisemitismus als Popanz, um oppositionelle Regungen in der Bevölkerung zu unterdrücken. Just in diesen Tagen hat Angela Merkel, gekleidet in Gelb, die Farbe der Pest und des Neides, neue Regeln zur Entmündigung ihrer Mitbürger verfügt.

Ich bekenne mich hiermit als Gegner dieser Maßnahmen, die ich für maßlos übertrieben, destruktiv, zukunfts- und kinderfeindlich, zum Teil für offen unmenschlich halte – und erwarte nun die fällige Anschuldigung, ein Antisemit zu sein. Vielleicht durch den „regierungsunabhängigen Verein" von Anetta, die dann endlich nachholen könnte, was ihr während unserer Jugendzeit in der DDR nicht gelungen ist: mich als Staatsfeind zu denunzieren.

Den beiden männlichen Spezialkräften für „Antisemitismus in Corona-Zeiten", Kevin Kühnert und Felix Klein, blieben neben der eloquenten Anetta nur Statistenrollen. Wobei sich Kühnert zu der Behauptung erkühnte, der assumptive Antisemitismus der „Corona-Leugner" erinnere an die blutigen Judenverfolgungen zu Zeiten der Pest. Ein Vergleich, der von peinlicher historischer Unbildung zeugt: Weder ist das Corona-Virus im Begriff, Europa zu entvölkern wie einst die Pest, noch ist es in den letzten fünfundsiebzig Jahren irgendwo in diesem Erdteil zu Pogromen eingeborener Bevölkerungen gegen Juden gekommen.

Dennoch wird eine neue Theorie zusammengeschustert, die den Unmut in der Bevölkerung als im Wesen antisemitisch darstellt. Brav berichteten regierungsnahe Blätter, *Jüdische Allgemeine, taz* oder *Neues Deutschland*, über das offenbar von der Bundesregierung angeregte, sonst wenig beachtete Ereignis: *„‚Ich will darauf hinweisen, dass Deutschland Spitzenreiter der Corona-Proteste ist‘, unterstrich Kahane. Die deutsche Bevölkerung scheine sich mit der Pandemie in seltsamer Weise auseinanderzusetzen, in anderen Ländern gebe es dies in dieser Form nicht. Kahane forderte mehr Programme, die sich gezielt gegen Verschwörungsideologien richten, die Polizei müsse entsprechend geschult und der Schutz jüdischer Bürger und jüdischer Einrichtungen müsse verbessert werden."*

Die Verquickung von „Corona-Protesten" und Antisemitismus geschieht über das Bindeglied „Verschwörungstheorie". Dabei sieht es ganz so aus, als würde hier eine neue Verschwörungstheorie konstruiert, betreffend die Verschwörung von Teilnehmern an Corona-Protesten mit jenen, die „jüdische Bürger und jüdische Einrichtungen" bedrohen. Verbreitet Anetta ihrerseits eine Verschwörungstheorie? Zur Bekämpfung dieser – eindeutig staatsfeindlichen – Verschwörung wären dann alle Mittel erlaubt. In diesem Sinn fordere, wie die *taz* berichtet, Bayerns Ministerpräsident Söder, *„dass der Verfassungsschutz die Proteste genauer ins Visier nimmt. Der Thüringer Geheimdienstchef Stephan Kramer schloss sich dem an. Denkbar wäre, dass der Verfassungsschutz nicht einzelne Gruppen unter Beobachtung stellt, sondern das Spektrum an sich ..."*

Gegen diesen Text versuchte Anetta Kahane gerichtlich vorzugehen, indem ihr Anwalt Christian Löffelmacher am 28.12.2020 beim Landgericht Berlin eine Einstweilige Verfügung gegen die Internetseite *Achse des Guten* beantragte, auf der mein Text zuerst erschienen war. Kahanes Unterlassungsbegehren betraf im Wesentlichen die von mir getroffenen Aussagen, sie habe in der DDR *„Juden bespitzelt"* und *„sich aktiv an der Verfolgung von Juden in der DDR beteiligt."* Das Landgericht Berlin wies ihren Antrag am 30.12. zurück, unter anderem mit der Begründung: „*Die Antragstellerin (Anetta Kahane) wird als Täterin in einem konkreten Fall dargestellt. Bei der Mitteilung der Denunziation handelt es sich um eine wahre Tatsachenbehauptung.*"

Auf Verlangen unseres Rechtsbeistands Joachim Steinhöfel erklärte Kahanes Anwalt nach Abweisung des Unterlassungsbegehrens überdies am 13.1.2021: „*Es wird gegenüber Ihrer Mandantschaft (Achse des Guten) unwiderruflich darauf verzichtet, die in dem Unterlassungsbegehren vom 23.12.2020 geltend gemachten Unterlassungsansprüche, hinsichtlich der Behauptungen, dass meine Mandantin - in der DDR Juden aus antisemitischen Gründen bespitzelt habe; - sich aktiv an der Verfolgung von Juden in der DDR beteiligt habe, wie in dem Artikel des Herrn Chaim Noll ‚Verbreitet Anetta Kahane Verschwörungs-Theorien?' (...) geschehen, gerichtlich geltend zu machen.*"

Die *Jüdische Rundschau*, Berlin, veröffentlichte den Text daraufhin in ihrem Januar-Heft 2021 (Ausgabe Nr. 77) unter dem Titel „*Wie Anetta Kahane in der DDR Juden denunzierte*".

# Ein Heiligenschein für Angela Merkel
1. Januar 2021

Deutsche Medien verkünden den bevorstehenden Rückzug der Kanzlerin aus der Politik, und zwar für Herbst 2021. Sie werde nicht noch einmal für politische Ämter kandidieren, verspricht *Spiegel Online*, nicht einmal für den Bundestag. Dann wären wir tatsächlich am Ende ihrer endlos scheinenden Kanzlerschaft angekommen. „*Dieses Jahr war hart*", schreibt *Spiegel Online*, „*es hat unendlich viel Kraft gekostet, das ist der Kanzlerin bei ihren letzten Auftritten deutlich anzusehen. Und das will bei Angela Merkel etwas heißen. Ihr Nimbus speist sich auch aus der Annahme beinahe übermenschlicher Reserven*".

Solche Sätze sind ein Vorgeschmack auf den neuen, vom Staat mit Millionenzuschüssen geförderten sogenannten Qualitätsjournalismus: Er scheut die großen Worte nicht mehr, wenn es um Vertreter der geldgebenden Regierung geht, weder „Nimbus", die lateinische Übersetzung des griechischen *halos*, was Heiligenschein bedeutet, noch die Zuerkennung von Prädikaten wie „übermenschlich".

Schmeicheleien dieser Art sind auch weiterhin reichlich in den Text eingestreut. Er erweist sich als neue Form von Heldengesang. Dass er statt in Versen in *Spiegel*-Prosa abgefasst ist, mindert nicht das in der Tiefe mitschwingende Pathos. Viel Heroisches hat die Kanzlerin vollbracht, doch „*Der Kampf gegen das Virus stellt alles in den Schatten – und Krisen hat Merkel zur Genüge zu bewältigen gehabt: Finanzkrise, Eurokrise, Flüchtlingskrise. Die laufende EU-Ratspräsidentschaft, geplant als eine Art Höhepunkt ihrer Kanzlerschaft, die Anstrengungen für eine neue Politik gegenüber China? Verblasst hinter Corona. Zum ersten Mal wandte sich Merkel 2020 jenseits ihrer Neujahrsansprache per TV-Ansprache ans Volk, mit einer ‚Blut-Schweiß-und-Trost-Rede', wie es die Spiegel-Kollegin Christiane Hoffmann formuliert.*"

Das hat Frau Hoffmann wahrhaft anrührend gesagt. Die Kanzlerin und „das Volk". Und ihre „Blut-Schweiß-und-Trost-Rede" erinnert an „Blut und Boden" oder „Gut und Blut fürs Vaterland" – frühere Auslöser großer

Gefühle, die ins Desaster führten. Merkel hätte viele Krisen „*zu bewältigen gehabt*", schrieb ein weiterer *Spiegel*-Autor, Florian Gathmann, in einem aus übergroßer Vorsicht stolpernden Deutsch, er schrieb keineswegs, Angela Merkel habe die „Finanzkrise", „Eurokrise" oder „Flüchtlingskrise" tatsächlich „bewältigt". Woran ihn offenbar eine – immer noch rudimentär vorhandene – Scheu vor der offenen Lüge im letzten Augenblick hinderte.

Alles in allem entwarf er die Biografie einer Heldin mit tragischer Note. Daran, dass Angela Merkel nicht den verdienten Triumph in der „*EU-Ratspräsidentschaft, geplant als eine Art Höhepunkt ihrer Kanzlerschaft*" feiern konnte, ist das Corona-Virus schuld. Corona als Cover für gescheiterte Ambitionen. Wie viel politisches Scheitern – sei es in der „Finanzkrise", „Eurokrise" oder „Flüchtlingskrise" – kann dieses Virus zudecken? Und wie viel schleichenden Totalitarismus? Für den *Spiegel*-Schreiber ist dennoch am Ende des desaströsen Jahres 2020 die Idylle erreicht: „*Ihr Ansehen bei den Wählern ist zum Ende des Corona-Jahres ungebrochen hoch, das zeigen aktuelle Umfragen. Die große Mehrheit der Bürger vertraut der Kanzlerin (...)*"

Das *Neue Deutschland*, als es noch Zentralorgan der Sozialistischen Einheitspartei Deutschlands war, hätte es kaum schöner ausdrücken können. Ich erlebe derzeit einen unheimlichen Prozess der Verjüngung. Weil vieles wieder so ist wie in meiner Jugend in Ostberlin. Und auch ich meine alten Positionen wiederfinde: wachsendes Misstrauen gegenüber einer selbstgerechten Staatsmacht, Solidarität mit den von ihr Betrogenen und Bekämpften, das Vergnügen, ein Außenseiter zu sein. Ich kann nicht, wie viele alte Leute, sagen: In meiner Jugend war alles anders. Im Gegenteil: Die alte Ordnung ist unbarmherzig zurück.

# Die Sprache der DDR ist zurück
19. Januar 2021

Am 17. Januar berichtete *Bild* über einen großangelegten Polizeieinsatz in Berlin, der nicht einem kriminellen Delikt oder Unglücksfall galt, sondern einer Hochzeit. Diese wurde von der Polizei aufgelöst, nach Eingang der telefonischen Anzeige eines Nachbarn, er habe aus einer Wohnung in der Badstraße in Berlin-Wedding Stimmengewirr gehört – ein Verdacht, der den Aufmarsch eines, wie die Zeitung schreibt, „Großaufgebots" der Polizei rechtfertigt.

Den Teilnehmern der Hochzeitsfeier drohen außerdem, wie die Zeitung mitteilt *„laut dem Bußgeldkatalog zur Ahndung von Verstößen im Bereich des Infektionsschutzgesetzes (IfSG) in Verbindung mit der SARS-CoV-2-Infektionsschutzmaßnahmenverordnung in Berlin empfindliche Bußgelder"*, die von der Zeitung genüsslich aufgelistet werden:
- *„Fehlende Mund-Nasen-Bedeckungen können im Rahmen von 50 bis 500 Euro sanktioniert werden*
- *Unvollständige Anwesenheitsdokumentation zwischen 50 und 10.000 Euro*
- *Nichtvorlage eines Hygienekonzepts 250 bis 5000 Euro*
- *Singen in geschlossenen Räumen zwischen 25 und 500 Euro*
- *Nichtgewährleistung der Einhaltung der zulässigen Teilnehmerzahl von 1000 bis 1.5000 Euro"*

Dieser staatliche Bußgeldkatalog soll hier dokumentiert werden. Er überliefert unseren Nachkommen den Irrsinn dieser Tage. Der, sobald es vorüber ist, möglichst schnell vergessen und verdrängt werden wird, wie wir mehrfach nach totalitären Entgleisungen erlebt haben. Ich räume ein, dass ich mich als Laie gründlich irren kann, dass sich Corona tatsächlich noch als die verheerende, an die mittelalterliche Pest erinnernde „Pandemie" erweist, die seit einem Jahr beschworen wird, wenn sie auch bisher eine Infektionskrankheit in Grippe-Dimensionen geblieben ist. Was mich wirklich schockiert, ist die Sprache.

Etwa ein albtraumhaftes Unwort wie „*Infektionsschutzmaßnahmenverordnung*", das ein vernunftbegabter Mensch, so erschreckend die Pandemie auch immer sein mag, einfach seiner Sprache nicht zumuten darf. Von dem ich bezweifle, dass es in einer anderen Sprache überhaupt vorstellbar ist. Und eigentlich auch nicht in der deutschen. Ebenso soll die Vokabel „*Unvollständige Anwesenheitsdokumentation*" ihrerseits dokumentiert werden – sonst glaubt in zehn Jahren niemand mehr, dass es eine solche gab und dass ihr Fehlen bis zehntausend Euro Strafe nach sich ziehen konnte. Eine Summe, die für manchen verarmten Deutschen ein Jahreseinkommen ausmacht. Und wahnhafte Wortverkettungen wie „*Nichtgewährleistung der Einhaltung der zulässigen Teilnehmerzahl*" hörte und las ich zuletzt in meiner Jugend. Es ist die Sprache der DDR. Des deutschen Totalitarismus.

Denn dieser ist – zumindest sprachlich – durch die Hintertür wieder zurück. Durch die Hintertür übergroßer Menschenliebe. Manches scheint mir sogar verschärfter als zu DDR-Zeiten, zum Beispiel das Verbot, „in geschlossenen Räumen" zu singen. In der DDR war nur das Singen verbotener Lieder strafbar, nicht das Singen schlechthin. Gesungen wurde sogar in DDR-Haftanstalten, es war, wie ehemalige politische Häftlinge in ihren Erinnerungen beschrieben haben, ein Mittel der Kommunikation. Des gegenseitigen Beistands und Trostes. Heute, in der freiheitlichen Bundesrepublik, im rot-grünen Berlin, eine strafbare Handlung, anzeigepflichtig, zu ahnden mit Bußgeldern bis fünfhundert Euro.

Finanziell hat sich der „Großeinsatz" für den ewig klammen Berliner Senat gelohnt: „*Die Polizei teilte am Sonntagvormittag zunächst nur mit*", berichtet die *Bild*-Zeitung, „*dass 56 Verstöße gegen das Infektionsschutzgesetz festgestellt und entsprechende Anzeigen gefertigt wurden.*" Unter ihnen ist mit Sicherheit die bis zu fünfzehntausend Euro Strafe veranlagte „*Nichtgewährleistung der Einhaltung der zulässigen Teilnehmerzahl*". Daher hat die Polizei „*die Menschen aufgefordert, sich in ihre Wohnungen zu begeben*", wie ein Polizeisprecher der Bild mitteilte. „*Hier haben sich deutlich mehr Menschen getroffen als nur aus einem fremden Haushalt.*"

Hand aufs Herz: Es handelt sich offenbar um „Menschen" mit Migrationshintergrund. Nicht nur die Fotos in der *Bild*-Zeitung legen es nahe, auch die Frage: Wer würde angesichts dieser Gesetzeslage in einer einschlägig bekannten Gegend, Berlin-Wedding, nahe Bahnhof Gesundbrunnen, sonst noch wagen, in einer Wohnung laut zu singen? *„Ihr Hochzeitstag"*, resümieren die zum Schauplatz entsandten Reporter der *Bild*-Zeitung hämisch, *„wird ihnen wohl wirklich für alle Zeit in Erinnerung bleiben. Vor allem, weil die Feier deutlich teurer als zunächst gedacht ausfallen dürfte..."*

Diese Schadenfreude kann ich nicht teilen. Ich bekenne hiermit meine Sympathie für die Singenden. Für das straffällige Hochzeitspaar und die *„deutlich mehr Menschen als nur aus einem fremden Haushalt"*, die sich ihm zuliebe versammeln wollten. Ihre Hochzeit war ihnen wichtiger als der vom Wahnsinn diktierte Bußgeldkatalog des Berliner Senats. Vielleicht haben sie ihn, jung und aus der Fremde kommend, angesichts der DDR-Sprache, in dem er abgefasst ist, gar nicht verstanden. Auch das kann ich ihnen nicht verübeln.

## „Der Aufstieg der Unfähigen": Gibt es ein Entrinnen?

29. Januar 2021

Spätestens während der „Pandemie" haben wir alle am eigenen Leib erlebt, was es bedeutet, von Dilettanten und despotisch Veranlagten regiert zu werden. In meiner Generation war es ein stehender Witz, dass, wer zu nichts anderem taugt, aber großen Ehrgeiz spürt, in die Politik geht. Wenn man von einem Studenten hörte, er sei sehr aktiv bei der Jungen Union, den Jusos, Grünen, Jungen Liberalen etc., wusste man, dass es für ihn oder sie nur zwei Möglichkeiten gab: entweder nach ein paar Jahren enttäuscht auszusteigen oder sich in den zunehmend korrupten und verfilzten Parteienbetrieb einzupassen.

Leider habe ich die Erfahrung gemacht: Es waren stets die Intelligenteren, die ausstiegen. R. beispielsweise, Sohn eines seinerzeit einflussreichen Abgeordneten in Berlin, der über alle Möglichkeiten verfügte, die besten Verbindungen und Vorkenntnisse hatte, warf sein Abgeordnetenmandat in einem Provinzparlament, in das er schon jung, als Student, gewählt wurde, nach einigen Jahren angewidert hin. Er war bald mit der enttäuschenden Realität konfrontiert worden, dass er dort nicht, wie angenommen, die Interessen seiner Wähler zu vertreten hatte, sondern die des allmächtigen Parteiapparats. Die Parteien sind heute – ähnlich wie die Einheitspartei zu DDR-Zeiten – zentralistisch strukturiert und „durchregiert", Initiativen gehen nicht von unten nach oben oder in beiden Richtungen, sondern fast immer von oben nach unten. Das deutsche Wahlsystem, in dem die meisten Abgeordneten nicht durch Direktmandate, sondern über innerparteilich aufgestellte „Landeslisten" ins Parlament gelangen, begünstigt die Dominanz schattenhafter Parteifunktionäre, die niemals direkt gewählt worden sind.

Er wolle nicht sein Leben mit diesen „Kungeleien" verbringen, sagte R., ehe er als Jurist in die Wirtschaft ging, wo er mehr Freiheiten hat und ein besseres Gewissen. Ich erinnere mich auch an die resignierten Untertöne in den Bemerkungen des jungen M., damals Bundesvorsitzender

der Jungen Union und schon mit 26 Jahren Abgeordneter des Deutschen Bundestags, bei einem Besuch in Israel. M. war hochintelligent, motiviert, politisch und organisatorisch begabt. Zugleich bemühte er sich um Regierungstreue und ließ sich in diesem Sinn zu Aussagen nötigen, die seinen – zumindest im Gespräch geäußerten – Überzeugungen widersprachen. Er ist überraschend, noch jung, vor einigen Jahren gestorben, weshalb ihm schwere Konflikte mit seiner Parteiführung und der begabtenfeindlichen Kanzlerin – die ihn offenbar nicht besonders mochte – erspart geblieben sind.

Das Problem von begabten jungen Leuten in deutschen Parteiapparaten ist der Konflikt zwischen eigenen Ideen, vielleicht sogar Idealen, womöglich einem ausgeprägten Gewissen, im Interesse ihrer Wähler zu handeln, mit dem dort herrschenden unwiderstehlichen Zwang zu Anpassung und Unterwerfung. Begünstigt werden die Mittelmäßigen, wegen Mangels an eigenen Gedanken Verfügbaren, zu „jeder Schandtat Bereiten". Der 2009 verstorbene sowjetische Schriftsteller Grigorij Baklanow nannte dieses Phänomen innerparteilicher Auslese in den frühen 80er Jahren „Aufstieg der Unfähigen". Er diagnostizierte es für die damalige Sowjetunion und sah darin einen der Gründe ihres bevorstehenden Untergangs. Sein Protagonist sinniert über einen ihm persönlich bekannten Aufsteiger, einen inzwischen einflussreichen Funktionär: *„Ich habe nie erlebt, dass seine Augen von einer Idee aufgeleuchtet hätten … Was verbirgt sich dort im ewigen Dunkel? Was kann sich schon verbergen, außer Hohlheit? Das größte, am strengsten gehütete Geheimnis ist Hohlheit."*

Die Folge dieser negativen Selektion, dieser Auswahl der Unfähigen durch den Apparat, ist erst sein eigener, dann allgemeiner Niedergang: *„Ein unfähiger Mensch zieht überall das Leben auf sein niedriges Niveau herab, und rings um sich bringt er immer neue Unfähigkeit hervor"*, schrieb Baklanow in seinem 1983 erschienenem Roman *Der Geringste unter den Brüdern*. In guten Tagen mag diese fundamentale Schwachstelle des Parteiensystems nicht so auffällig sein, nicht so katastrophal in ihren Auswirkungen wie heute, in Krisenzeiten. Wir leben heute mit dem beunruhigenden Gefühl, dass wir von Politikern regiert werden, die mit den Herausforderungen unserer Zeit nicht fertig werden, die zu einfallslos sind, zu ängstlich, zu eigensüchtig, zu sehr durch apparative Kalkulationen und Rücksichten behindert, kurz: die unfähig sind, im allgemeinen Interesse sinnvoll zu handeln.

Wir glauben ihnen schon längst nicht mehr. Wenn wir ihre sattsam bekannten Gesichter in den Zeitungen und auf den Bildschirmen sehen, wissen wir, dass sie lügen, grundsätzlich lügen, weil sie nicht darüber nachdenken, wie sie am besten unsere Probleme lösen, sondern wie sie ihre Unfähigkeit noch eine Weile vor uns verbergen können. Gibt es eine Möglichkeit, diesen Zustand zu beenden? Wollen wir einen Aufruf starten, gerichtet an begabte, intelligente junge Leute, sie sollen, trotz hoffnungslos scheinender Umstände, in die Politik gehen und versuchen, die an ihrer Unfähigkeit dahinsiechenden Parteien zu kurieren? Oder neue Parteien gründen, die, ehe sie irgendwann ihrerseits pervertieren, wenigstens einige Zeit das tun, was ihre erklärte Aufgabe ist? Oder wollen wir dieses System aufgeben, als ein weiteres, das gescheitert ist (wie das sozialistische Experiment unserer Jugend)? Ich gestehe, dass ich keine Antwort habe. In Tagen, in denen manche alles so genau wissen, stelle ich lieber nur noch Fragen. Das ist schon gefährlich genug.

# Sozialdemokraten: Goldesel für die Welt, Armut in Berlin

4. Februar 2021

Unsere Freundin Susanne in Berlin schickt uns neuerdings Situationsberichte, die ich nur mit Mühe glauben kann. Ich kenne Berlin, meine Geburtsstadt, noch anders. Strahlend und hoffnungsvoll. Meist sind es kurze Nachrichten über WhatsApp. Ich gebe hier einige wieder, wie sie auf dem Smartphone meiner Frau eintreffen:

„Zelte sieht man in der Stadt reichlich in den Anlagen. Auch unter Brücken haben sich einige eingerichtet. Viele schlafen in Hauseingängen mit Schlafsack (...) Und es gibt so viele Obdachlose draußen! Das werden einige nicht schaffen (...) Normalerweise gab es immer Mittagessen im Gemeindehaus für Bedürftige einmal in der Woche. Aber wegen Corona werden jetzt Sachen verteilt. Sie haben hier auch eine Kleiderkammer. Das gibt es überall in Berlin (...) Für die Straßenmädchen und Jungs haben wir hier zwei Einrichtungen. Ist jetzt natürlich alles eingeschränkt. Jede Woche steht hier auch ein Duschmobil (...) Die Armut in Berlin ist groß. Mittwochs werden durch unsere Kirche Lebensmittel verteilt. Du glaubst nicht, wie lang die Schlange ist. Einmal rund um die Kirche. Junge und viele alte Leute. Am Zaun hängen auch oft Tüten mit Brot usw. Das nennt sich Gabenzaun."

Als wir die Bundesrepublik vor rund 30 Jahren verließen, war sie ein reiches Land. Sehr reich. Das hat sich offenbar in den Köpfen deutscher Politiker eingenistet wie eine unerschütterliche Wahrheit. *Sic transit gloria mundi* – das berühmte, bei den mittelalterlichen Papstkrönungen warnend ausgerufene Wort ist der Päpstin Angela im Berliner Kanzleramt offenbar nicht gegenwärtig. Mit grandioser Attitüde wird weiterhin weltweit Geld verstreut, als gäbe es im eigenen Land keine Not.

Deutschland ist derzeit der größte Sponsor des weitgehend sinnlosen UN-Hilfswerks UNRWA in Gaza, rund 150 Millionen Euro sollen jährlich allein in diese von der Terror-Miliz Hamas dominierte Organisation fließen. Von den hunderten Millionen, die Deutschland über ein System von NGOs und auf anderen teils verdeckten, teils offenen Wegen der korrupten Palästinenser-Behörde in Ramallah zukommen ließ, gingen, wie uns kürzlich der palästinensische Geschäftsmann Ashraf Jabari mitteilte, allein 70 Prozent durch Veruntreuung und Diebstahl verloren. Jabari betonte mehrmals im Gespräch, die Geldgeber, allen voran das von SPD-Minister Maas geführte Auswärtige Amt, wüssten um die immense Verschwendung deutscher Steuergelder, zahlten aber unbeirrt weiter.

Geht es auch anderswo so großzügig zu, wird das Füllhorn deutscher Steuergelder auch in Afrika, Asien, wo immer großzügig über dubiosen, korrupten, oft unmenschlichen Regimes ausgeschüttet? Werden auch andernorts Korruption und Misswirtschaft begünstigt durch deutsche Großmannssucht, während in Berlin Mitbürger unter Brücken schlafen? Ich kann nur über den Mittleren Osten Auskunft geben, einen relativ kleinen Teil der Welt. Und ich fand, was Susanne aus Berlin mitteilt, durch einige verstohlene Zeitungsberichte bestätigt, etwa in der *Berliner Zeitung* am 31.10.2019:

*„Außerdem schlägt der Runde Tisch vor, den Frauentreff Olga, wo die Frauen duschen, essen und sich aufhalten können, in Zukunft auch am Wochenende zumindest für einige Stunden geöffnet zu halten. Die Straßen im Kurfürstenkiez sollen häufiger gereinigt werden als bisher. Die Zahl der Sprachmittler soll erhöht werden. Bereits bestehende Hilfsstrukturen sollen gestärkt werden. Bisher stehen die Pläne allerdings noch unter Vorbehalt. Das Abgeordnetenhaus müsse im Dezember erst die nötigen Mittel freigeben, so Schöttler. ‚Es ist fraglich, was wir finanzieren können.'"*

Berlin ist seit langem eine von der SPD regierte Stadt. Sozialdemokrat ist auch der deutsche Außenminister, jener zierliche, adrett gekleidete Mann, den einst das Elend von Auschwitz inspiriert haben soll, in die Politik zu gehen. Naiv, wie ich bin, gehe ich davon aus, es sei Aufgabe deutscher Sozialdemokraten, den Armen und Benachteiligten in ihrem eigenen Land zu helfen, nicht korrupten Regimes fern in der Welt die Geldmittel zur Finanzierung von Willkür und Terror zu verschaffen.

Die SPD ist, ihrem ausgewiesenen Einkommen und Parteivermögen nach, die reichste Partei Deutschlands. Von den 450 Millionen Euro, die deutsche Parteien „trotz Krise" an Vermögen angehäuft haben, wie ein Bericht mitteilt, gehört fast die Hälfte der SPD. Ihre Funktionäre müssen sich keine Sorgen machen, Saskia Esken, Sigmar Gabriel, Bundespräsident Steinmeier, Martin Schulz, der generöse Außenminister Maas oder Kevin Kühnert. Zwar könnten einige von ihnen, schon aus Mangel an beruflicher Qualifikation, im zivilen Leben gleichfalls auf der Straße stehen, doch sie haben beizeiten einen profitablen Weg gefunden, unter die Fittiche eines deutschen Parteiapparats, der sie lebenslang versichert und versorgt.

Und mehr noch: Als Bundesminister stehen ihnen riesige Summen aus dem deutschen Steueraufkommen zur Verfügung, die sie weltweit ausschütten, mit denen sie in Teheran, Ramallah, Beirut, Gaza und fern in Afrika den großen Mann spielen können, während daheim in Berlin fraglich ist, in der Winterkälte ein paar Orte, *„wo die Frauen duschen, essen und sich aufhalten können, in Zukunft auch am Wochenende zumindest für einige Stunden geöffnet zu halten."*

Wer hat euch verraten? Sozialdemokraten. Ich zitiere den bekannten Vers ungern, denn er wurde vor über hundert Jahren von Kommunisten in Umlauf gesetzt. Doch auch die können gelegentlich recht haben.

# Die Rückkehr zum Menschenopfer
11. Mai 2021

In der berühmten Geschichte von der Nicht-Opferung Isaaks durch seinen Vater Abraham (1. Buch Moses 22,1-19) verbietet der biblische Gott das Opfern von Menschen zum Zweck der Anbetung. Was eigentlich nur dafür spricht, wie verbreitet diese Praktiken in antiken Zeiten waren. Das Opfern von Kindern, vor allem von erstgeborenen Söhnen, war alltäglich. Die Juden wurden, indem sie es verboten, zu unbeliebten Außenseitern. Doch später übernahm das Christentum das Verbot des Menschenopfers aus der hebräischen Bibel und setzte sich vehement dafür ein. Als einzige Gruppe im *Imperium Romanum* agitierten die frühen Christen gegen die als Gladiatorenspiele kostümierten Menschenopfer in der Arena, weshalb man sie selbst zu bevorzugten Opfern dieser Vorführungen machte. Auch nachdem sich das Christentum im vierten Jahrhundert als Staatsreligion durchgesetzt hatte, brauchte es Jahrzehnte, um die rituellen Schlachtungen aus ihrem angestammten Platz im öffentlichen Leben zu verdrängen.

Vor allem in der Provinz hielten sich die *„rohen, blutigen und entsetzlichen Lokalkulte"* (so Ludwig Friedländer in seiner berühmten Sittengeschichte Roms), die Mysterienspiele, Blutorgien und rituellen Menschenopfer. Im zweiten Jahrhundert nach Christus, schreibt Plutarch, hätte man noch immer *„am Altar der Artemis viele sterben sehen"*. Sein Zeitgenosse Pausanias überliefert, dass beim Dionysos-Fest in Alea Frauen blutig gepeitscht, in Orchomenos in Böotien sogar vom Priester mit dem Schwert getötet wurden. Um die gleiche Zeit schildert der Schriftsteller Lukian das Treiben von Priestern der „syrischen Göttin", die für ihre öffentliche Selbstverstümmelung auf Marktplätzen Geld nahmen. Noch unter Marc Aurel sollen in Arkadien dem Zeus Menschen geopfert worden sein, wie auf Rhodos dem Kronos. Der christliche Autor Lactantius berichtet von Menschenopfern auf Zypern, bis Kaiser Hadrian sie im zweiten christlichen Jahrhundert verbot.

Im Norden Europas, in Germanien, Britannien oder Irland, sind heidnische Opferkulte, zum Teil sehr grausam und ausgeklügelt, durch Moorleichen bis ins Frühmittelalter belegt. Wie anfällig auch christliche Gesellschaften für öffentlich vollzogene Menschenopfer blieben, zeigt die düstere Geschichte der Hexen- und Ketzerverbrennungen. Unter aus heutiger Sicht unsinnigen Anschuldigungen wurden vom 14. bis 17. Jahrhundert allein in Deutschland rund 40.000 als „Hexen" stigmatisierte Frauen hingerichtet. Im ungefähren Überschlag ergibt sich die Zahl von zehntausend Hinrichtungen pro Jahrhundert, also hundert im Jahr, was bedeutet, dass in diesen glorreichen Zeiten in Deutschland alle drei bis vier Tage eine Hexe öffentlich verbrannt wurde.

Der fachwissenschaftliche Konsens der Mediäval-Historiker geht in die Richtung, dass Klimaschwankungen (wie die im 15. Jahrhundert beginnende „Kleine Eiszeit"), wirtschaftliche Rezession und Verarmung (durch häufige Missernten), Kriege (vor allem der in diese Zeit fallende Dreißigjährige) und pandemische Infektionen (die seit dem 14. Jahrhundert in Europa wütende Pest) die Ausbreitung dieser Massenhysterie begünstigten.

Die aufkommende Lust am Menschenopfer wird mit einer die Zeitgenossen verunsichernden gesellschaftlichen Krise in Verbindung gebracht, als Möglichkeit der Kompensation und populären Entlastung von Furcht und Frust. Auch die täglichen öffentlichen Hinrichtungen durch die Guillotine in den Jahrzehnten nach der Französischen Revolution widerspiegeln die tiefe gesellschaftliche Verunsicherung ihrer Zeit.

Wichtig ist der öffentliche Rahmen des Vorgangs. Die Opfer verhalten sich in irgendeiner Weise auffällig, werden denunziert, ziehen allgemeine Wut auf sich, dann durch anerkannte Institutionen vorgenommene Untersuchungen wie juristische Ermittlungen oder Ausschlussverfahren in Parteien oder anderen Institutionen, denen sie angehören. Darüber wird – wegen der abschreckenden Wirkung im Sinne der Volkserziehung – in den Medien der Zeit genauestens berichtet.

Auch über die soziale Demontage des oder der Betreffenden, in möglichst großer Detailtreue: der sich steigernde Boykott durch die „Anständigen", politisch Korrekten, der Entzug der Lebensgrundlagen, die unvermeidliche soziale Isolation. Allmählich entsteht ein Klima von Anzeige und Verfolgung. Der öffentliche Diskurs wird anklägerisch, von der Mehrheit abweichende Meinungen werden nur noch als Gefahr empfunden,

Ironie und Scherz als verletzend und unanständig. Dafür gilt plötzlich das Denunzieren – in sicheren, stabilen Zeiten eher verpönt – als notwendige Tugend und wird vom Staat gefördert und demonstrativ belohnt.

Die Atmosphäre verdichtet sich. Man beginnt einander zu belauern. Die Smartphones, gnadenlose Aufzeichner und Abhörgeräte des intimsten Geschehens, bleiben gezückt. Jede unbedachte Äußerung, jedes unglücklich gewählte Wort ist willkommen, um das gnadenlose Räderwerk der Abstrafung in Gang zu setzen. Die Teilnahme an einer verdächtigen Geburtstagsfeier, eine verächtliche Handbewegung auf einem Schnappschuss, ein fragwürdiger Witz in der Zwitscherwelt der sozialen Netzwerke.

Die Anfänge scheinen harmlos: Man sagt ab, man schließt aus, man ruiniert den Ruf. „Cancel Culture" ist ein beschönigendes Wort. Dahinter verbirgt sich die Lust am blutigen Ritual der öffentlichen Opferung. Sie vibriert in der Stimme der grünen Kanzlerkandidatin, wenn sie den Parteiausschluss des Außenseiters Boris Palmer fordert. Blitzt in den kalten Augen der Klimaaktivistin Neubauer, wenn sie in einer Talkshow den früheren Verfassungsschutzpräsidenten Maaßen des Antisemitismus bezichtigt (ohne dafür einen einzigen Beleg vorweisen zu können) und die Hundemeute auf ihn hetzt.

Das biblische Verbot des Menschenopfers ist Verbot geblieben, nicht, wie man sich gewünscht hätte, zur Therapie geworden. Die Sucht nach dem Blutopfer scheint unsterblich. Die Moderne ist eine dünne Folie, all die Hochherzigkeiten wie Demokratie, Menschenliebe, Solidarität, darunter dämmern die alten Atavismen. Europas Kultur zerbröselt, vielleicht waren Christentum und Zivilisation nur eine Episode, man kehrt erleichtert zum Faustrecht zurück, zum Einander-Auflauern und Übereinander-Herfallen in Gruppen, zu den Opfern im Moor, den blutigen Ritualen des Heidentums.

# Wo die Staatsgewalt zuschlägt – und wo nicht

5. August 2021

In den offiziellen deutschen Zeitungen war nichts davon zu sehen, doch auch das Heimliche und Geheime findet heute seinen Weg ans Licht. Wie kindisch von den Verantwortlichen, im Zeitalter der überall gegenwärtigen, millionenfach in Telefone eingebauten Kameras, die Wahrheit weiterhin medial parzellieren und verwalten zu wollen. Sie verbreitet sich mit Lichtgeschwindigkeit und tut aller Welt kund: Deutschland ist ein Polizeistaat.

Zum Beispiel die Bilder von den brutalen Polizeieinsätzen in Berlin. Da sind Mitbürgern, unter dem Vorwand, eine vom ehemaligen SED-Genossen Geisel verbotene Demo aufzulösen, schwere Körperverletzungen zugefügt worden. Frauen wurden von Banden bulliger Männer zu Boden geworfen wie bei Vergewaltigungen im Wald, mit Würgegriffen traktiert und geschlagen. Sichtlich floss Blut – das lässt sich nicht mehr ungeschehen machen, auch nicht durch nachträgliche Anzeigen gegen die Opfer. *„Ich hatte starke Schmerzen, an Kopf, Hüfte und Rücken"*, beschrieb ein Verletzter die Misshandlungen durch die Berliner Polizei. *„Ich habe zwei Platzwunden und eine Fast-Platzwunde oben am Schädel, die Gott sei Dank nicht aufgegangen ist (...) Ich wurde in einer Notfallaufnahme von einer Unfallchirurgin genäht, eine Platzwunde an der rechten Schläfe und eine hinter dem rechten Ohr mussten genäht werden. Im Krankenhaus hatte ich eine Bewachung von der Polizei dabei die ganze Zeit."*

Die Wut der Beamten richtet sich gegen sogenannte „Querdenker", und es ist erschütternd und entlarvend für den Zustand des Landes unter Kanzlerin Angela Merkel, dass dieses Wort ein Pejorativ, sogar ein Stigma geworden ist. Ich bekenne hiermit, dass ich mein ganzes Erwachsenenleben hindurch ein „Querdenker" gewesen bin, seit ich in relativ jungen Jahren die von einem gescheiterten deutschen Staat verordnete Denkweise abgeworfen und frei zu denken begonnen habe. Und dass ich „Querdenken" für eine Qualität halte. Für eine Methode, die uns erst zu dem befähigt, was wir in diesen schwierigen Zeiten um unseres Überlebens willen sein müssen: kreative, geistig bewegliche, aus den Bahnen verordneter Stupidität und Untertanenfurcht ausbrechende Individuen.

Während jungen Deutschen von heute „Querdenken" als strafwürdige Verwirrung dargestellt wird und man sie auf diese Weise zu Mitläufern und Opfern von morgen erzieht, entfalten sich andere Gruppen ganz ungehemmt. Und ihnen gilt auch kaum Gewalt durch Staat und Polizei. Ich meine zum Beispiel die vom gleichen ehemaligen SED-Mitglied und heutigen Berliner Innensenator Geisel als *„junge Männer, arabischstämmig, nicht politisch organisiert, eher erlebnisorientiert"* bezeichneten Demonstranten, die am 16. Mai in Berlin und anderswo zum Hass auf Israel und Juden aufriefen.

Hier wurden keine Wasserwerfer aufgefahren, auch keine Körperverletzungen durch behelmte, bewaffnete, schwarz gekleidete Schlägertrupps der Polizei begangen, hier hielt man sich zurück, „besonnen" und „deeskalierend". Gegen die „Juden-ins-Gas"-Rufer der vom Berliner Senat genehmigten Al-Quds-Demos wurde nicht Strafanzeige erstattet, man griff nicht Einzelne heraus, verprügelte sie oder nahm sie in Haft. Gewalt gegen Deutsche, Sanftheit für Salafisten. Hat es damit zu tun, dass aggressive, gewaltbereite Gruppen hinter ihnen stehen, „arabischstämmige" Clans, mit denen sich kein Polizeibeamter, erst recht kein Berliner Innensenator ernsthaft anlegen will?

Denn da gibt es die längst verinnerlichte Feigheit der deutschen Behörden, das reflexartige Zurückweichen vor den wirklich gefährlichen Kräften im Land. Es ist so viel leichter, an braven Bürgern sein Mütchen zu kühlen, an weitgehend harmlosen, soliden Steuerzahlern, von denen man nicht fürchten muss, dass sie ein Messer zücken oder eine Bombe werfen, die nur ihren Unmut über fragwürdige Corona-Restriktionen der Regierung zum Ausdruck bringen wollen und dazu trotz Demonstrationsverbots auf die Straße gehen. *„Ich wünsche Deutschland eine starke Polizei"* habe ich vor einigen Monaten geschrieben und mich inzwischen hundertmal gefragt, ob das klug war. Doch ich meinte eine starke Polizei, nicht eine feige. Ich meinte eine, die zum Schutz ihrer Mitbürger agiert, nicht zu ihrem Schrecken. Ich meinte einen Staat, der für seine Bürger da ist und sie nicht verrät und im Regen sitzen lässt.

Oh, Deutsche, ihr hattet zu viel Geduld mit schlechten Regierungen. Ihr habt diese unfähige Frau zu lange über euch herrschen lassen. Sechzehn Jahre Angela Merkel. Die brutalen Bilder vom Sonntag, 1. August 2021, zeigen die ganze Wahrheit über diese Kanzlerschaft.

# Merkels Israel-Besuch: Adieu Angela
13. Oktober 2021

Angela Merkel besucht Israel, offiziell zum letzten Mal. Ein freundliches Protokoll: Begrüßung durch Premier Bennett, der sie *„liebe Freundin Angela"* nennt, Teilnahme an einer Kabinettssitzung, während draußen die jungen Leute von *Im Tirtzu* gegen sie demonstrieren, Besuch in Yad Vashem mit ergriffenen Worten im Gästebuch, auch ein Ehrendoktorat muss noch sein, diesmal vom Technion Haifa.

Sie ist auffallend oft in Israel gewesen. Bisher siebenmal. Zunächst mit glaubhaft guten Absichten und Ideen. Die sie dann, machtbesessen und opportunistisch, nach und nach preisgegeben hat. Ihre vier Legislaturperioden haben nicht nur ihre eigene Partei ruiniert und die Zukunft Deutschlands und der Europäischen Union infrage gestellt, sondern auch zu einer Verschlechterung der deutsch-israelischen Beziehungen geführt. Nun kommt sie zum achten Mal, und die Genügsamen unter meinen Landsleuten, die sich mit netten Gesten bescheiden, sehen darin einen Beweis ihrer tief gefühlten Sympathie. Die *Jerusalem Post,* sonst eine vernünftige Zeitung, begann den Tag ihrer Anreise mit einem peinlichen „Editorial", einer anonymen Lobeshymne auf die scheidende Kanzlerin, zu dem es überwiegend empörte Zuschriften gab, die auflisteten, was diese Frau alles zum Schaden Israels getan hat:

*„Germany is the biggest single funder of Israel NGOs that sue the government, the police, the army, on the pretext of helping the Palestinians."*

*„The editorial says she, ‚helped Israel within the corridors of the European Union.' I must have been sleeping that day."*

*„Germany is one of the biggest suppliers of goods to Iran. Germany says that a diplomatic solution is required, but aside from supplying the ayatollahs, what does Germany do against Iran?"*

*„Merkel admitted more than a million migrants, many young Muslim males. This, more than anything else, pushed the UK out of the EU, and has resulted in enormous tension between the Western EU and Eastern EU,*

*with a likely crisis soon to come. Does the Islamization of Europe, or the weakening of the EU, help Israel?"*

*"German companies delivered roughly 350 tons of dual-use chemicals to Syrian President Bashar Assad's regime between 1998 and 2011."*

*"I want to personally express my gratitude to Ms. Merkel for her strong support of the PA, PLO, and Iran …"*

*"She supports international terrorist regimes, Islamic invasion of Europe, and Hezbollah. This article is a joke."*

Ja, es las sich fast wie ein Witz. *„Merkel is doing all of this",* schrieb die Zeitung, *„because she is a true friend of the State of Israel and the Jewish people and for that we thank her."* Verschwiegen wurde, dass sie sich seit 2018 hier lieber nicht mehr gezeigt hat, nachdem in jenem Jahr ihre Regierung, vertreten durch Außenminister Maas und Merkels außenpolitischen Berater Heusgen, in der UN-Vollversammlung bei 21 eingereichten, meist absurden antiisraelischen Resolutionen 16-mal zustimmte, sich viermal enthielt und nur einmal zu einer Gegenstimme aufraffte – ein selbst in diesem Gremium auffallend israelfeindliches Abstimmungsverhalten, das deutlich von dem anderer westlicher Länder wie den USA, Australien oder Kanada abstach.

In ihrer letzten Legislaturperiode, als die Situation der Juden in Deutschland immer elender und gefahrvoller wurde und Merkels Rücksichtslosigkeit gegenüber dieser dahinschwindenden Menschengruppe immer offener zutage trat, als sie ein klares Wort verweigerte zu den immer selbstverständlicher werdenden Aufrufen zum Judenmord in deutschen Straßen, fiel das schöne Bild der Israel-Freundin Angela Merkel in Scherben. Kaum jemand in Israel erwartet noch Gutes von dieser Frau, die viel verspricht und kaum etwas davon hält, die nach außen bescheiden auftritt und in Wahrheit heimtückisch und intrigant ihre nicht selten schäbigen Pläne durchsetzt. Die demokratische Spielregeln ignoriert, wo es ihr passt. Die ohne Konsultation mit Parlament und Regierung in wenigen Tagen hunderttausende junge Muslime ins Land ließ, unkontrolliert und konfus, ein, wie sich zeigen sollte, riesiges Potenzial für Judenhass und alltäglichen Schrecken.

Vor allem Letzteres hat sie hierzulande viele Sympathien gekostet. Aber auch ihr persönliches Eingreifen gegen die Anerkennung Jerusalems als Hauptstadt, die hinterhältigen Telefonate, um osteuropäische Regierungen daran zu hindern, ihre Botschaften nach Jerusalem zu verlegen. Die gleiche Zeitung, die jetzt ihr Loblied singt, schrieb am 15. November 2018: *„A Western source told* The Jerusalem Post *that Merkel lobbied the Romanian president to put a halt on the relocation of its embassy to Jerusalem. It is believed that Merkel called other European politicians as part of a campaign to block the relocation of European embassies to Jerusalem."*

Ich persönlich kenne keinen Israeli, der Angela Merkel schätzt. Sie für besonders klug oder zuverlässig hält. Warum dann der schmeichlerische Ton in den Medien, die Artigkeiten der Politiker? Warum ist sie überhaupt nochmal gekommen, de facto entmachtet und für unsere Zukunft ohne Bedeutung? In ihrer Rede anlässlich der Verleihung der Ehrendoktorwürde des Technions Haifa ließ sie wissen, diese Ehrung sei schon 2016, also vor fünf Jahren geplant, doch erst jetzt ausgeführt worden. Das Corona-Virus, bei Politikern beliebtes Cover-up für alles Mögliche, habe das Reisen erschwert. Ist sie wirklich von unserer neuen Regierung eingeladen worden, wie es offiziell hieß, oder hat sie selbst zu verstehen gegeben, sie wäre gern noch einmal für ein paar Tage hier? Welches Interesse kann sie an dieser Reise haben, an all den Höflichkeiten und Zeremonien, die in Wahrheit nichts als Routine sind – denkt sie an kommende Posten in internationalen Gremien und will sich künftiger Sympathien versichern, von Seiten der Politiker, Militärs, Wissenschaftler und Sicherheitsleute eines in der heutigen und kommenden Weltpolitik relevanten Staates?

Sie ist auffallend demütig aufgetreten. Die in der deutschen Nahostpolitik zentrale Forderung nach der Gründung eines Palästinenserstaats wurde nur noch schwach, eher pro forma vorgetragen. Naftali Bennett, der neue israelische Premier, erklärte ihr ins Gesicht, seine Regierung habe keine diesbezüglichen Absichten. *„Ein Palästinenserstaat wäre ein Terrorstaat, sieben Minuten von meinem Haus entfernt"*, sagte Bennett. Und: *„Ich bin Pragmatiker. Wir schaffen jede Menge Lebensgrundlagen, um die Situation für alle leichter zu machen."* Darauf erwiderte Merkel nicht, wie bisher bei jeder Gelegenheit, Deutschland habe hierzu einen prinzipiell anderen

Standpunkt, sondern schmeichelte: *„Israel spielt eine sehr wesentliche Rolle im Mittleren Osten, selbst wenn die diplomatische Lösung mit den Palästinensern in der Ferne zu liegen scheint. Wir dürfen sie nicht von der Agenda nehmen, sondern müssen sie als Vision erhalten, um das Problem zu lösen. Dabei muss klar sein, dass Israel immer ein jüdischer und demokratischer Staat bleiben wird, genau wie der Premierminister gesagt hat."*

Währenddessen protestierten draußen, vor der Tür des King David Hotels in Jerusalem, verschiedene Gruppen lautstark gegen ihren Besuch. *„Über die Jahre und unter der Tarnung ‚humanitärer' und ‚lebenswichtiger' Projekte"*, riefen die Demonstranten über Megaphon in Richtung des abgesperrten Hotels, *„haben die deutsche Regierung und ihre europäischen Freunde radikale linke Organisationen und die Palästinenserbehörde bezahlt. Zwischen 2012 und 2021 hat Deutschland allein 84 Millionen Shekel dafür ausgegeben, um Dutzende Organisationen zu bezahlen, die Israels Souveränität, Rechte und Existenz untergraben sollen. Einige dieser Fonds finanzierten das Einkommen von Terroristen, die jüdisches Blut an den Händen haben. Erst kürzlich hat Deutschland wieder 117 Millionen Dollar für derartige Projekte versprochen."*

Diese Summe liegt nur leicht unter den 115 Millionen Euro, die Deutschland der israelischen Marine beim Kauf von vier Korvetten der Meko A100-Klasse nachlässt, welche in den vergangenen Jahren bei ThyssenKrupp Marine Systeme gebaut und inzwischen in Dienst genommen wurden, die letzte erst vor vier Wochen – ein Nachlass von ungefähr einem Viertel der Gesamtkaufsumme von 430 Millionen Euro, sodass von den vier Schiffen eins als Geschenk zu betrachten wäre. Israel braucht diese vier Korvetten, die anschließend in Haifa mit israelischen Elektronik- und Hightech-Systemen aufgerüstet wurden und nun Sa'ar 6 heißen, um die großen Erdgas-Felder im Mittelmeer zu bewachen, die das kleine Land nicht nur energieunabhängig, sondern zum Erdgas-Exporteur haben werden lassen. Und da Deutschland aufgrund einer ideologiebestimmten Energiepolitik zunehmend zu den bedürftigen Ländern gehört, ist die Schenkung der vierten Korvette vielleicht nicht ganz so uneigennützig, wie glauben gemacht werden soll. Eine Erdgas-Pipeline von den israelisch-zypriotischen Gasfeldern über Griechenland nach Mittel- und Nordeuropa ist in Planung, doch immer wieder versuchen Schiffe des außer Kontrolle geratenen NATO-Partners Türkei, die Arbeiten zu behindern. Die vier Korvetten werden wirklich gebraucht. Dies einer der Gründe für das demonstrative Einvernehmen bei Angela Merkels letztem Besuch.

Einen anderen Grund ließ die israelische Zeitung *Ha'aretz* durchblicken: wachsende Befürchtungen, Merkels Nachfolger betreffend. Man rechnet hier mit einem SPD-Kanzler, und wenn man auch über den Mann selbst, Olaf Scholz, bisher so gut wie nichts weiß, kennt man die antiisraelische Grundtendenz seiner Partei. Die SPD hat sich in den letzten Jahren als die am offensten israelfeindliche Partei in Deutschland profiliert. Diese Partei verdankt ihre Auferstehung aus selbst verschuldeter Bedeutungslosigkeit nicht zuletzt ihren muslimischen Wählern, die sie systematisch umwirbt. Das Auswärtige Amt in Berlin entwickelte sich unter den sozialdemokratischen Außenministern Steinmeier, Gabriel und Maas zu einer Art antiisraelischem Aktionszentrum.

Und so wenig man Grund hat, Angela Merkel, der wortbrüchigen Opportunistin, zu trauen, kann sie vielleicht, so hofft man, mit ihrem nicht unbeträchtlichen Gewicht ein wenig gegensteuern und ein von Sozialdemokraten und Grünen regiertes Deutschland daran hindern, offen antiisraelisch zu agieren. Wir wissen aus alter Erfahrung: Mag es jetzt schon schwierig sein, es kann durchaus noch schlimmer kommen.

# Im Treibsand der Moral
Wie 16 Merkel-Jahre Deutschland ramponiert haben

# Hummus und Gedenktag
12. November 2018

Angela Merkel, offenbar im Vorgefühl ihrer eigenen Historisierung, reist dieser Tage von Gedenkfeier zu Gedenkfeier. Eine davon, am 9. November, galt den deutschen Juden. Den toten. Sie spielen eine ungleich größere Rolle im offiziellen deutschen Bewusstsein als die lebenden. Doch auch für diese hatte die Kanzlerin einige Trostformeln, zumindest für genügsame Ansprüche.

*„Der Rechtsstaat darf keine Toleranz zeigen, wenn Menschen aufgrund ihres Glaubens oder ihrer Hautfarbe angegriffen werden",* sagte sie in der Berliner Synagoge Rykestraße in gekonnter, alle Unterschiede und Gegensätze verwischender Verallgemeinerung. Juden müssen – ob sie wollen oder nicht – als Chiffre für alle Menschen „anderer Religion oder Hautfarbe" herhalten, auch solcher Glaubensrichtungen, die im Kern judenfeindlich sind. Genau das erfüllt den Tatbestand einer „Relativierung" der Shoa. Dieser Haltung wurde aber die einzige Partei beschuldigt, die nicht an der Gedenkfeier teilnehmen durfte.

Denn der Gedenktag für die Zerstörung der deutschen Synagogen wurde instrumentalisiert, um deutsche Parteipolitik zu machen. Eine Partei wurde von der Gedenkfeier ausgeschlossen. Es wäre, wie der Präsident des Zentralrats der Juden betonte, *„für die jüdische Gemeinschaft unerträglich gewesen, heute, 80 Jahre nach der Pogromnacht, Vertreter dieser Partei unter uns zu wissen."*

Welche war gemeint? Die Linke mit ihrem von Marx und Bakunin übernommenen Antisemitismus? Die Sozialdemokraten, deren Vertreter in schöner Regelmäßigkeit den Judenstaat als „Apartheid-Staat" oder ähnlich schmähen und deren neuester Außenminister die finanziellen Zuwendungen für ein Terror-verstricktes UN-Hilfswerk in Gaza vervielfacht hat? Wie üblich wurden die Millionen Euro indirekter Unterstützung für den Mord an israelischen Zivilisten in den Gedenkfeiern nicht erwähnt. Antisemitisch ist in Deutschland angeblich nur eine Partei, und sie erneut zu verteufeln, war der eigentliche Zweck der Übung.

Immerhin wagte der Präsident des Zentralrats, einen muslimischen Anschlag gegen die Synagoge in Gelsenkirchen zu erwähnen, als im Nachklang einer palästinensisch dominierten Anti-Israel-Demo ein Gullydeckel durchs zertrümmerte Fenster ins Innere des Gotteshauses flog. Kaum hörbarer Misston in der korrekten Anordnung der Feier. Wie immer hat der Zentralrat die Gelegenheit vertan, die wirklichen Gefahren der Juden im heutigen Europa zu benennen.

Ich bin derzeit in Deutschland auf Reisen, doch ich habe an keiner offiziellen Gedenkfeier teilgenommen. Am 9. November, während anderswo die flauen, abgesprochenen Reden erklangen, war ich Hummus essen, bei einem jungen Israeli aus Akko, der in Leipzig ein kleines Restaurant betreibt. Es gibt dort, mit Pita, frischen Kräutern und viel Zitrone, fantastisch zubereitete Kichererbsen, von denen es heißt, dass sie gut fürs Gedächtnis sind. Wir wollen nicht vergessen. Deshalb halten wir uns an die Lebenden.

## Das Glashaus in der Hamburger Hafencity
22. Dezember 2018

Vor gut sieben Jahren, im Frühjahr 2011, hielt ich eine Vorlesung vor Studenten der Kommunikationswissenschaften an der Universität Wien über „Konstruktivismus", worunter in der Medienwissenschaft die Tendenz verstanden wird, Wirklichkeit nicht abzubilden, sondern zu konstruieren. Gemeint ist, dass im geschriebenen Text nicht eine möglichst getreue Wiedergabe von durch Recherche erfahrener Realität vermittelt wird, sondern ein Konstrukt nach vorgegebenen Meinungen, Ideologemen und Vorurteilen. Da ich in Israel lebe, wählte ich als Fallstudie die Israel-Berichterstattung deutschsprachiger Medien.

Es ergab sich, dass *Der Spiegel* besonders viele Beispiele für „konstruktivistische" Artikel zum Thema Israel lieferte, für Texte, in denen selektiv, manipulativ, sogar durch offensichtliche Unwahrheiten ein Israel-Bild konstruiert wird, das zwar der Weltanschauung der Redaktion entspricht, aber nicht der Realität. So analysierte ich einen Artikel der damaligen Israel-Korrespondentin des *Spiegel*, Ulrike Putz, über ultra-orthodoxe Juden, hebräisch Charedim. Er hieß *Mayans Flucht aus dem Mittelalter* und behandelte den hierzulande alltäglichen Fall einer jungen Jüdin, die das ultra-orthodoxe Milieu verlässt, um in einer anderen der vielen möglichen Lebensformen in Israel ihr Glück zu versuchen.

Aussteiger aus der Ultra-Orthodoxie gibt es zu Zehntausenden, was sich darin zeigt, dass dieser Sektor der israelischen Bevölkerung bei weitem nicht so stark wächst, wie seine Geburtenrate vermuten ließe. Insofern war der Artikel nicht sensationell. Um ihn aufregender zu machen, zeichnete Ulrike Putz ein „konstruktivistisches" Bild des Milieus, indem sie beispielsweise behauptete, unter Charedim seien *„Fernsehen, nichtreligiöse Musik, Telefone und Internet verpönt"* und die *„für die Gemeinschaft wichtigen Nachrichten werden über Wandzeitungen verbreitet."*

Diese Angaben sollten die Zurückgebliebenheit der Charedim verdeutlichen, doch sie gehen so lachhaft an der Wirklichkeit vorbei, als würde man behaupten, die Deutschen verschmähten Bier, verständigten sich durch Rauchzeichen oder glaubten, was im *Spiegel* steht. Gerade die ultraorthodoxen Gemeinden sind überaus aktiv im Internet, mit unzähligen Websites, die ihre religiösen Inhalte verbreiten, aber auch Musikvideos und praktische, für Juden auf der ganzen Welt nützliche Informationen wie die Zeiten des Shabat oder Verfügbarkeit koscherer Lebensmittel an einem beliebigen Ort.

Nun war die plumpe Unwahrheit, Charedim benutzten kein Telefon oder Internet, leicht durchschaubar, zumindest für jeden, der schon mal in Jerusalem, Amsterdam oder New York über die Straße gegangen ist und in Smartphones redende, textende, sie sogar als Gebetbücher nutzende ultraorthodoxe Männer und Frauen gesehen hat. Deshalb diskutierte ich damals mit den Studenten in Wien die Frage, für wie dumm die Macher des *Spiegel* ihre Leser halten, für wie uninformiert, wirklichkeitsfern, engstirnig und von Ressentiments bestimmt, wenn sie ihnen solchen Nonsens auftischen. Und wie lange sie glauben, mit Schwindeleien wie diesen eine zunehmend alternativ informierte Öffentlichkeit medial beherrschen zu können.

Die Diskussion verlief vehement. Unter den rund fünfhundert angehenden Medienleuten waren etliche, die eine „konstruktivistische" Berichterstattung verteidigten. Zumindest unter Umständen. Sie hatten bereits den Bazillus der Mitwisserschaft inhaliert: Medienleute als Eingeweihte in die Notwendigkeiten der Mächtigen, die der breiten, unwissenden Masse nicht immer verständlich, daher besser geheimzuhalten sind.

Ein Student verlangte von Professor Gottschlich, der mich zu der Gastvorlesung eingeladen hatte und eine weitere mit mir ankündigte, beim nächsten Mal müsse ein Ko-Referent dazugebeten werden, der meine „extremen Ansichten" relativiere. Eine junge Journalistin verfolgte mich bis in den Innenhof der Universität mit ihren Anklagen: Ich hätte Ulrike Putz, die Korrespondentin des *Spiegel,* in ehrenrühriger Weise bloßgestellt und persönlich diffamiert.

Dabei habe ich sie immer verteidigt. Ich hatte den seltsamen Wandel in ihren Texten beobachtet, seit sie beim *Spiegel* fest angestellt wurde. Vorher, als sie noch, wie man bezeichnenderweise in der Branche sagt, „frei" war, schrieb sie vernünftige, sauber recherchierte Texte. Zum Beispiel ihre am 21. Februar 2003 in der Zeitung Ha'aretz veröffentlichte Reportage *Learning to Make the World's Deserts Bloom*. Hier stimmte noch alles, Fakten, Atmosphäre, Hintergrund – ich kann es mit dieser Gewissheit behaupten, denn an dem kleinen Ort in der Wüste, dem Sde Boqer Campus der Ben-Gurion-Universität, von dem sie berichtete, lebte ich damals selbst.

Was ist dann mit Ulrike Putz und den vielen anderen, die im Glashaus in der Hamburger Hafencity sitzen oder dorthin ihre Texte schicken, psychologisch vor sich gegangen, welchem Comment haben sie sich unterworfen, welchen ungeschriebenen Regeln? War der *Spiegel*-Reporter Claas Relotius, der jetzt wegen seiner erfindungsreichen Berichte geopfert wird, nur ein Musterschüler, der besonders vorbildlich und preisgekrönt ins Werk zu setzen wusste, was die Hamburger Zentrale wünscht? Dort spricht man von einem Unfall, einem „Versagen der Sicherungssysteme". Wer die Israel-Berichterstattung des *Spiegel* verfolgt, weiß: Die haben nie funktioniert. Und sind auch nicht die Lösung des Problems.

Der Text erschien auf Achgut unter dem Titel *Jaegers Grenze und Mayans Flucht*.

# Shoa als Seifenoper
29. Januar 2019

Eugen Herman-Friede habe ich noch persönlich gekannt. Er war Berliner wie ich, doch einige Jahrzehnte älter. Entscheidende Jahrzehnte. 1991 besprach ich in der Zeitung *Die Welt* sein Buch *Für Freudensprünge keine Zeit* über seine Jugend im Dritten Reich. Er schickte der Redaktion ein Foto, das ihn in der Uniform der Hitlerjugend zeigte, das Foto wurde als Illustration zu meinem Text gedruckt, denn Eugen Friede hatte sich nur als Hitlerjunge kostümiert. Eine der Verkleidungen und Täuschungen, mit deren Hilfe er überlebte. Er war Jude.

Aus den Büchern und Lebensgeschichten von Eugen Friede und einigen anderen, die als Jugendliche in Berlin überlebt haben, ist ein Film gemacht worden, *Die Unsichtbaren. Wir wollen leben*. Ich muss einräumen, dass ich ihn nicht gesehen habe. Und nicht sehen will. Auch Eugen Friede hat ihn nicht mehr gesehen, er ist im vergangenen Jahr gestorben. Gast der Uraufführung war dafür Claudia Roth, eine Politikerin der Grünen, die für ihre innigen Beziehungen zum iranischen Mullah-Regime bekannt ist. Im *Spiegel* konnte man lesen: *„7000 Juden versteckten sich nach 1941 mitten in Berlin, um der Deportation zu entgehen. Jetzt erzählen sie im Dokudrama* Die Unsichtbaren *selbst ihre Geschichte – erschütternd und begeisternd."*

Über das Wort „begeisternd" bin ich beim Lesen des Textes, wie man so sagt, gestolpert. Es schien mir geschmacklos – besonders im *Spiegel*. Vielleicht, weil ich dort noch nie das Wort „begeisternd" im Zusammenhang mit Israel gelesen habe. Es ist begeisternd, wie junge deutsche Juden in der Nazi-Zeit ihren Lebenswillen unter Beweis gestellt haben, aber nicht begeisternd, wenn es heute israelische Juden tun, sagen wir: unter Raketenbeschuss der Hamas. Der gerade wieder neue deutsche Hilfsgelder zuströmen, dieses Jahr deutlich erhöht, wenn auch verschämt verborgen als Zuwendung für das UNRWA genannte „Hilfswerk" in Gaza. Das weitgehend von der Hamas kontrolliert wird und dafür sorgt, dass Etliches von der generösen deutschen Hilfe – 145 Millionen Euro sollen es in diesem

Jahr sein – in den Raketenlabors dieser islamischen Terrororganisation ankommt, die sich erklärtermaßen die Vernichtung der israelischen Juden zum Ziel gesetzt hat.

Wie soll man das nennen, diese seltsame Schizophrenie der „Begeisterung", die einst von den Nazis bedrohten jungen Juden gilt, die inzwischen größtenteils gestorben sind, aber nicht jungen Israelis von heute? Diese Betroffenheitsreden an Gedenktagen, wenn man gleichzeitig von der Hamas kontrollierten Körperschaften Geld überweist, viel Geld, damit es den Terroristen in Gaza an nichts mangelt?

Der deutsche Außenminister Maas hat am 27. Januar eine Rede gehalten, zum „Internationalen Holocaust-Gedenktag", er sorgt sich darum, dass „unsere Erinnerungskultur bröckelt". Sie bröckelt wie der Sand, auf den sie gebaut ist. Und nicht nur, wie Maas behauptet, weil sie „unter Druck von extremen Rechten" stünde. Die Lüge ist kein haltbares Material. Wenn man sich daran „begeistert", wie jüdisches Leben in der Nazi-Zeit gerettet wurde, zugleich den Judenmördern von heute mit Geld aushilft, dann ist Shoa-Gedenken nur noch eine Seifenoper.

# Durfte Broder sich umarmen lassen?
1. Februar 2019

Nie wieder! Dieser drohende Ausruf ist Grundgesetz deutscher Nachkriegspolitik. Es gilt um jeden Preis, die Muster gestrigen Scheiterns zu vermeiden. Und um gestrige Katastrophen zu vermeiden, begibt man sich in neue.

Dass nichts in der Geschichte sich genauso wiederholt, wie schon einmal geschehen, weiß jeder einigermaßen historisch gebildete Mensch. Ja, manche Völker zeigen gewisse Neigungen, die sie offenbar nicht überwinden können, es gibt Rückfälle, manches ähnelt Früherem. Dennoch: Die deutsche Partei *Alternative für Deutschland* ist nicht die „neue NSDAP". Trotz einiger dummer Äußerungen von führenden Mitgliedern droht keine Wiederholung der nazistischen Machtergreifung, auch kein neuer Holocaust in Europa. Es wird Zeit, zu Verstand zu kommen. Durchzuatmen, genau hinzusehen, mit klarem Blick. Zu sehen, welche Gefahren uns wirklich drohen. Und woher sie diesmal kommen.

Dass sich europäische Juden weitgehend widerstandslos in KZs deportieren lassen, wird es so nie wieder geben, auch wenn der Judenhass von rechts und links, von Muslimen, von Christen mit Replacement-Syndrom, von Jungen und Alten nach wie vor spürbar, selbst wenn er in Zunahme begriffen ist. Auch nicht, dass Juden um Visa für ferne Länder betteln müssen, dass man die Schiffe versenkt, auf denen sie sich in Sicherheit bringen wollen. Die Juden haben heute einen Staat, in den sie jederzeit emigrieren können, einen Staat, der sich seit sieben Jahrzehnten gegen judenfeindliche Nachbarn behauptet und dabei immer stärker wird, dessen Luftwaffe den Mittleren Osten kontrolliert, dessen Wissenschaftler und Erfinder die Menschheit mit ihren Geistesblitzen erhellen, ob es der USB-Stick ist oder eine erfolgreiche Krebstherapie. Dieser Staat gibt allen Juden Rückhalt, wo immer sie leben.

Bedroht sind Juden trotzdem, in ihrem Land und außerhalb. Die Gefahr droht heute weniger von „rechtspopulistischen" Parteien in Europa als von islamistischen im Nahen Osten. Die Terror-Milizen der Hamas und der Hisbollah bedrohen jüdisches Leben real, nicht nur durch Erinnerung an eine böse Vergangenheit. Um es klar zu sagen: Heute bedroht uns nicht die SS, sondern die Hamas. Und ob jemand als Freund der Juden gilt, wird weniger daran gemessen, ob er unablässig schwört, die Wiederauferstehung der SS zu verhindern, sondern ob er die Stärkung der Hamas und der Hisbollah verhindert. Oder das Gegenteil tut. Und dabei unablässig schwört: Nie wieder!

Deutsche Politiker der herrschenden Parteien sind wie niemand sonst bemüht, das Mullah-Regime im Iran zu stärken, das Israels Liquidierung vorbereitet und die Vernichtung und Vertreibung der dort lebenden Juden. „Nie wieder!", rufen sie, sitzen mit betroffenen Mienen in Feierstunden, haben ein Showbusiness von Gedenkstätten und Jüdischen Museen geschaffen, von Mahnmalen und früheren Folterkammern, an denen Foto-Ops gegeben werden. Die gleichen Politiker sorgen dafür, dass unablässig Gelder fließen an die Mullahs, an Terroristen im Nahen Osten, an Organisationen, die Israel boykottieren. Es ist eine Heuchelei, die sprachlos macht. Sie hat sich längst eingebürgert, ist „normal" geworden wie damals, da das Leben in deutschen Städten „normal" weiterging, als man die Juden deportierte.

Wenn es drauf ankam, den Juden beizustehen, in ihrem Land oder außerhalb, in Kriegen, die man Israel aufgezwungen hatte oder bei Bedrohung in deutschen Städten, haben deutsche Politiker – von seltenen Ausnahmen abgesehen – grundsätzlich versagt. Die Partei *Alternative für Deutschland* war die einzige, die im Bundestag einen Umzug der deutschen Botschaft nach Jerusalem forderte. Die Botschaftsverlegung in eine Stadt, die de facto Israels Hauptstadt ist, wäre eine Selbstverständlichkeit. Alle anderen deutschen Parteien haben finstere Gründe, dagegen zu sein.

Nie wieder? Man tut es längst wieder, auf andere Weise. Warum sollten Juden, ob in Deutschland oder Israel, diesen Politikern entgegenkommen? Sie sind nicht unsere Freunde, sie verraten uns bei jeder Gelegenheit – warum also sollten wir ihre Weisungen befolgen? Sie mögen die Alternative für Deutschland als Teufel an die Wand malen, für uns ist das kein Grund, es nicht mit einem Gespräch zu versuchen. Israelfeindlicher als die anderen deutschen Parteien kann die AfD kaum sein.

Deshalb: Ja, Henryk Broder hatte das Recht, zur Bundestagsfraktion einer demokratisch gewählten Partei zu sprechen. Er durfte sich dort auch von einer Politikerin spontan umarmen lassen, denn auch die Freiheit der Umarmung muss garantiert sein.

Man weise mir nach, dass Alice Weidel etwas zur Unterstützung der Hamas getan hat, und ich werde meine Meinung ändern.

Im Treibsand der Moral

# Und ausgerechnet in Nürnberg
12. März 2019

Die falsche Gleichsetzung der Situation der deutschen Juden mit der Lage der in Deutschland lebenden Muslime – leider auch von Repräsentanten des offiziellen Judentums vorgetragen – ist ein schäbiger Propaganda-Trick. Jüdische Vertreter, die sich dafür hergeben, wie vor wenigen Tagen Andreas Nachama bei der Eröffnung der „Woche der Brüderlichkeit" im Staatstheater Nürnberg, schaden der ohnehin bröckelnden Stellung der Juden in Deutschland.

In einem hinter Betroffenheitsgerede verborgenen Hohn wird behauptet, die an die wohl an die acht Millionen zählenden Muslime oder aus muslimischen Ländern stammenden Einwohner Deutschlands seien ähnlich bedroht wie die schwindende, unter hunderttausend Menschen gesunkene jüdische Minorität. Gewiss, „Minderheiten" sind beide, doch es ist ein Unterschied im Verhältnis eins zu hundert.

Wo in Deutschland kontrollieren Juden ganze Stadtviertel? Welche kriminellen jüdischen Großfamilien machen der deutschen Polizei das Leben zur Hölle? Wo – außer an einigen, Tag und Nacht von der Polizei bewachten, festungsartigen jüdischen Schulen – gibt es Schulklassen, in denen jüdische Kinder die Mehrheit bilden, und wo gibt es deutsche Schulen, in denen jüdische Jungsgruppen ihre deutschen Mitschüler verprügeln? Wo hätten Juden mit Messern, Bomben oder auch nur mit aggressiven Sprüchen ihre deutschen Mitbürger angefallen? Wie viele deutsche Mädchen sind von Juden vergewaltigt oder ermordet worden? Welcher deutsche Rabbiner hat bisher zu gewalttätigen Aktionen aufgerufen, wo gibt es jüdische „Schläfer" oder „Intensivtäter", in welcher Synagoge treffen sich geheime Terrorzellen?

Die deutschen Juden sind brav, fleißig und Musterbeispiele der Integration. Sie passen sich sogar so weit an, dass sie bestellte, politisch korrekte Festreden halten, im Auftrag kaltschnäuziger deutscher Politiker, bekannt für ihre Feigheit gegenüber islamischem Terrorismus, für ihre

Kranzniederlegungen am Grab bekannter Judenmörder oder ihre Geschäfte mit Wahnsinnigen, die unentwegt zur Eliminierung des jüdischen Staates aufrufen. Nichts könnte so drastisch die jammervolle Lage der deutschen Juden verdeutlichen wie diese von der Angst diktierten, würdelosen Auftritte deutsch-jüdischer Funktionäre.

Und ausgerechnet in Nürnberg. Wo vor einigen Jahrzehnten die Gesetze erlassen wurden, die ihrer Assimilation ein Ende machten.

Im Treibsand der Moral

# Die Paläste der Palästinenser
15. Juli 2019

Diese Villa steht steht mitten im „Palästinenser-Gebiet". Ich gebe zu, es ist auch für palästinensische Verhältnisse ein relativ großes Haus, der Bauherr gehört nicht zu den zehntausenden Palästinensern, die täglich zu uns herüberkommen und auf unserer Seite die Arbeit finden, die es auf ihrer angeblich nicht gibt, die bauen sich kleinere Häuser mit fünf oder sechs Zimmern. Der Besitzer dieses Eigenheims ist ein Funktionär der palästinensischen Autonomiebehörde, ein „Geschäftsmann", jemand vom „Sicherheitsdienst" des Präsidenten Abbas oder ein anderer Profiteur des *Status quo.*

Uns wäre dieses Haus wahrscheinlich kaum aufgefallen, wir sind längst an den Anblick der großzügigen Eigenheime und teuren Autos der unterdrückten, von Israel ihres Landes beraubten, vom Genozid bedrohten Palästinenser gewöhnt. Aber deutsche Besucher sprechen immer wieder davon. Die Paläste der Palästinenser passen nicht zu dem Bild, das ihnen deutsche Politiker und Medien seit Jahrzehnten vom Elend des geknechteten Volkes vermitteln. Bei uns würde so ein Haus Millionen kosten, sagen sie. Die meisten Deutschen leben in Mietwohnungen. Und immer mehr Leute leben auf der Straße. Und dann fragen sie uns, von wem solche Häuser eigentlich bezahlt werden.

Das fragen wir uns auch. Können aber nur ahnungsweise zur Aufklärung beitragen. Kein Außenstehender durchschaut das verschleierte System der Zahlungen, die von der deutschen Regierung alljährlich an die verschiedenen Hilfswerke, Nicht-Regierungs-Organisationen, Hilfsfonds der Europäischen Union, an Flüchtlingswerke der Vereinten Nationen oder direkt an Mahmud Abbas' Autonomiebehörde überwiesen werden. Niemand kann genau sagen, wie viel Geld es ist. Hunderte Millionen. Sie werden von Politikern ausgegeben, die in Parteiapparaten aufgewachsen sind, nie einen Pfennig mit ihrer Hände Arbeit verdienen mussten, aber generös mit den Steuergeldern ihrer Mitbürger überall in der Welt „Projekte fördern" und groß angelegte Politik machen.

Dabei hat sich Deutschland mit seiner Nahostpolitik verspekuliert. Vor allem, seit es sozialdemokratische Außenminister gibt. Es ist eine ideologiegesteuerte, anachronistische Politik, die in arroganter Verblendung eine veränderte weltpolitische Situation ignoriert. Die Ziele dieser Politik sind verfehlt, sie erzielt keinerlei Erfolge, das alles ist Illusion, nur das Geld ist noch echt, das dabei draufgeht. Nein, es wird kein Israel mehr „in den Grenzen von 1967" geben und keinen judenreinen Palästinenserstaat, die verhassten jüdischen Siedler werden nicht deportiert, die Hamas wird trotz aller deutschen Hilfsgelder nirgendwo siegreich sein, und es wird auch nichts mehr mit den großen Gewinnen der deutschen Wirtschaft im Iran.

Das alles ist bekannt, man macht trotzdem weiter. Für viele Deutsche gäbe es ein böses Erwachen, wenn sie sehen würden, dass hunderttausende Palästinenser in eigenen Häusern wohnen, die sie, die unfreiwilligen deutschen Spender, sich nicht leisten könnten. Wie kann man Menschen begreiflich machen, dass sie aufs Übelste betrogen werden? Der Betrogene fürchtet den Schock der Enthüllung. Die ihn nicht scheuen, können ins Flugzeug steigen, sich in Jerusalem ein Auto mieten und die Straße 60 Richtung Süden fahren. Dort können sie das Haus sehen, und noch manches andere, worüber sie staunen werden.

## UN-Hilfswerk korrupt, Deutschland zahlt
31. Juli 2019

Leser der *Neuen Zürcher Zeitung* und von *achgut.com* wissen es schon, doch die meisten deutschen Leitmedien halten – wie üblich – eine für die deutsche Politik peinliche Nachricht nach Kräften zurück. Dabei ist die Meldung denkbar kurz: Die Regierung der Schweiz hat ihre Zahlungen an das sogenannte Palästinenser-Flüchtlingshilfswerk UNRWA beendet. *„Das Departement für auswärtige Angelegenheiten EDA hat auf Anfrage von Radio SRF mitgeteilt, dass die Schweiz ihre Zahlungen an das UNO-Hilfswerk für palästinensische Flüchtlinge vorläufig einstellen wird. Der Grund sind Vorwürfe von Amtsmissbrauch, Missmanagement und Vetternwirtschaft"*, meldete die *Neue Zürcher Zeitung* am 30.7.2019.

Die Vorwürfe gegen die Führung des dubiosen UN-Hilfswerks bestehen seit langem. Niemand kann sagen, welcher Bruchteil von den 1,2 Milliarden Dollar, die das Hilfswerk jährlich verbraucht, tatsächlich bei Hilfsbedürftigen ankommt. Der Apparat der in Gaza ansässigen UN-Agentur besteht zum großen Teil aus palästinensischen Funktionären, die der militanten Hamas nahestehen oder angehören. Korruption und Missbrauch sind seit Jahren so eklatant, dass die Vereinten Nationen notgedrungen eine interne Untersuchung gegen das Hilfswerk begonnen haben.

Der vertrauliche Untersuchungsbericht gelangte der französischen Nachrichtenagentur AFP zur Kenntnis, die ihn dieser Tage öffentlich machte. Die dort aufgelisteten Verstöße betreffen *„unpassende sexuelle Handlungen, Vetternwirtschaft, Repressalien, Diskriminierung und andere Übergriffe, unternommen zur persönlichen Bereicherung und zur Unterdrückung abweichender Meinungen."* (*„inappropriate sexual acts, nepotism, reprisals, discrimination and other abuses of authority, committed for personal gain, to suppress legitimate differences of opinion."*)

Zum Jahresbeginn 2018 hatte die US-Regierung ihre bisherigen Zahlungen an die aus der Kontrolle geratene Agentur drastisch gekürzt (von 360 Millionen im Vorjahr auf nur mehr 60 Millionen), im Herbst des

Jahres dann gänzlich eingestellt. Auch der Schweizer Rücktritt kommt nicht wirklich überraschend. Die Schweizer Regierung hatte bereits im vergangenen Jahr ihr grundsätzliches Unbehagen am Treiben des Hilfswerks zu verstehen gegeben. Auf einer nach Einstellung der US-Zahlungen eilig einberufenen Geber-Konferenz für die UNRWA verweigerten sogar bisher treue Sponsoren wie Saudi-Arabien angesichts der chronischen Missbräuche des Hilfswerks die weitere Unterstützung.

Der Schweizer Außenminister Ignazio Cassis sagte im Mai 2018 über die UNRWA: *„Sie versorgt den Konflikt mit Munition. Denn solange Palästinenser in Flüchtlingslagern leben (statt sich in den Fluchtländern wie Jordanien und Libanon zu integrieren), beanspruchen sie, in das Gebiet ihrer Herkunft zurückzukehren. Indem wir die UNRWA unterstützen, halten wir den Konflikt am Leben."* Das Hilfswerk sei eher Teil des Problems geworden als Beitrag zu seiner Lösung. Automatisch werde der Flüchtlingsstatus auf Kinder, Enkel und Urenkel der eigentlichen Flüchtlinge ausgedehnt, dadurch deren Zahl künstlich erhöht, folglich auch die finanziellen Forderungen. Die Mitarbeiter des Hilfswerks lebten davon, die prekäre Lage der Flüchtlinge zu konservieren, statt Abhilfe zu schaffen.

Zu den wenigen Ländern, die ihre Zahlungen an das korrupte Hilfswerk dennoch erhöht haben, gehört Deutschland. Der deutsche Außenminister Heiko Maas kündigte im Sommer 2018 einen Zuwachs *„in substanzieller Höhe"* an, insgesamt soll Deutschland im vergangenen Jahr 145 Millionen Euro zur Unterstützung der Aktivitäten des Hilfswerks zugesagt haben. Ein Großteil dieser großzügig gestreuten Gelder dürfte – wie zuvor schon etliche hundert Millionen deutsche Steuergelder im Nahen Osten – in den dunklen Kanälen der Korruptions- und Vetternwirtschaft des obsoleten Hilfswerks versickern. Anders als die Schweizer Regierung wird Außenminister Maas in seiner ideologischen Verbohrtheit auch keine Schlüsse aus den Enthüllungen der UN-Untersuchungskommission über ihr eigenes Hilfswerk ziehen.

## Abschied mit Lügen
21. Oktober 2019

Nach dreißig Jahren Hiersein verlässt die Korrespondentin der Berliner Tageszeitung *taz*, Susanne Knaul, ihre einstige Wahlheimat Israel. Natürlich nicht ohne einen „Blick zurück". Der Text ist persönlich gehalten, sie beschreibt ihre wechselhafte Beziehung zu diesem Land und bringt sie auf die Formel: *Es war Liebe.*

Bei einer so hoffnungsvollen Überschrift überliest man erste Falschheiten noch mit Schulterzucken. Etwa: *„Israels Rechte startete eine Hetzkampagne gegen Rabin (...) Mit federführend war Benjamin Netanjahu, der sich inzwischen in der Hierarchie der Likud-Partei hocharbeitete, und über den ich nach meinem anfänglichen Eindruck zunehmend schlechter dachte. Radikale Rabbiner verhängten das Din Rodef, ein altes jüdisches Gesetz, mit dem sie Rabin zum Abschuss freigaben."*

Die üblichen Verzerrungen. Das Din Rodef wurde nicht „verhängt" und Rabin von keinem einzigen „radikalen Rabbiner" in Israel „zum Abschuss" freigegeben. Beim Din Rodef handelt es sich um eine alte, gänzlich außer Gebrauch geratene halachische Regelung, die an einigen Jeshivot diskutiert wurde. Wie dort so ziemlich alles diskutiert wird. Zwischen solchen exegetischen Debatten und dem Mord an Rabin bestand kein nachweisbarer Zusammenhang. Die von deutschen Medien behauptete „Beeinflussung" des Mörders, eines Jura-Studenten an der Bar-Ilan-Universität, durch fundamentalistische Rabbiner blieb Spekulation. Auch Netanjahu, damals Vorsitzender der führenden Oppositionspartei, kann schwerlich mit dem Attentat in Verbindung gebracht werden: Seine Angriffe gegen den Regierungschef, meist im Parlament vorgetragen, bewegten sich im Rahmen der verbalen Auseinandersetzungen, die in Mehrparteiendemokratien üblich sind.

Doch Susanne Knaul benutzt ihre Aversion gegen Netanjahu, um ihre Abwendung von Israel zu rechtfertigen. *„Netanjahu führt dieses wunderbare Land systematisch in den Abgrund"*, schreibt sie. *„Er macht mir den Abschied leichter."* Angesichts Israels wirtschaftlicher Blüte, Bevölkerungsentwicklung, des relativen Wohlstands seiner Einwohner (nach UN-Statistiken pro Kopf größer als der der Deutschen) lohnt es kaum, auf das Gerede vom „Abgrund" einzugehen. Trauriger ist: Frau Knaul hat in Israel einen inzwischen 19-jährigen Sohn, Tom, der hier wie alle Kinder zur Schule ging, das Abitur ablegte und viel Spaß hatte. Doch auch er muss als Legitimation für ihre Verbitterung herhalten: *„Selbst wenn er wollte, könnte Tom als Sohn einer Schickse, einer nichtjüdischen Frau, nicht im Judenstaat studieren oder arbeiten."*

Hier nun wird es zu blöd, dieser Satz ist eine glatte Lüge. Hunderttausende Kinder nichtjüdischer Frauen studieren und arbeiten in Israel. Darunter zehntausende Araber beiderlei Geschlechts, allesamt nichtjüdisch. Von der runden Million russischer Einwanderer sind mehrere hunderttausend im rabbinisch-halachischen Sinn nichtjüdisch, da sie keine jüdische Mutter haben – selbstverständlich dürfen sie studieren und arbeiten. Auch die Kinder christlicher Einwohner, Korrespondenten, Diplomaten, zeitweilig oder dauerhaft hier lebender Ausländer können selbstverständlich an den Universitäten und Colleges des „Judenstaates" lernen. Dazu tausende junge Leute, die extra wegen ihres Studiums nach Israel kommen. Ich habe zwanzig Jahre lang ausländische, zumeist nichtjüdische Studenten an der Universität in Beer Sheva unterrichtet und betreut.

Dass dieser Satz eine Lüge ist, weiß jeder, der sich auch nur drei Monate in Israel aufgehalten hat. Susanne Knaul hat es auf dreißig Jahre gebracht, ohne einen nichtjüdischen Studenten zu treffen. Offenbar hat sie alle höheren Bildungseinrichtungen gemieden. Vermutlich, um sich ihre Ignoranz unbeschadet zu erhalten. Zugleich stellt sich die Frage: Für wie dumm und uninformiert hält sie die LeserInnen der *taz*? Denen zur Ehre sei erwähnt, dass sie den hoffentlich letzten Nonsens von Frau Knaul nicht unwidersprochen hinnahmen. Das Leserforum war an diesem Tag weitaus interessanter als sonst. Einigen war die Enttäuschung anzumerken: Immerhin hatte sich Susanne Knaul einst um Kompetenz bemüht, Hebräisch und Arabisch gelernt, an verschiedenen Orten des Landes gelebt und wirklich den hiesigen Alltag kennengelernt.

Auch mir schien sie lange Zeit weniger tendenziös, weniger borniert als Inge Günther, die sprachlos machende Berichte für die *Frankfurter*

*Rundschau* und die *Berliner Zeitung* verzapfte, oder die Damen vom *Spiegel*, Ulrike Putz, Juliane von Mittelstaedt, Nicola Abé und wie sie hießen, deren Inkompetenz – beginnend mit ihrer Unkenntnis der Landessprachen – unter hiesigen Experten sprichwörtlich ist. *„Es war Liebe"*, überschrieb Susanne Knaul ihren Text. Wie kommt es, dass schließlich bei deutschen Journalisten doch die Liebe zur Unwahrheit siegt? Warum setzt sich im deutschen Medienbetrieb am Ende das Muster Relotius durch, das Für-dumm-Verkaufen der Leser, die Fabrikation, die finstere Lüge? Und welche Wirkung verspricht man sich davon – außer nachhaltig den eigenen Ruf zu ruinieren?

# Eine Schande, ein Schmerz
31. Oktober 2019

November naht, der „traurige Monat", wie ihn einst Heine nannte. Die Holocaust-Feiern werden vorbereitet, die Auftritte für Deutschlands beliebteste Seifenoper. Ein bevorzugtes Datum ist der 9. November, Jahrestag der „Reichskristallnacht". Auch in diesem Jahr sind große Reden deutscher Politiker geplant, mit betroffenen Mienen, gespickt mit sprachlichen Versatzstücken wie „Nie wieder!" und „Kampf gegen rechts". Die Synagogen, sonst wie Festungen verrammelt, werden zur Kulisse pompöser Auftritte, bei denen auch Juden vorgezeigt werden, Funktionäre des „Zentralrats" oder ein paar andere, die sich zu benehmen wissen.

Großer Auftakt: Am 28. Oktober wurde Angela Merkel der Theodor-Herzl-Preis des Jewish World Congress verliehen. Andere jüdische Organisationen wie die Zionist Organization of America haben dagegen protestiert. Das „Weltjudentum", von Antisemiten gern als zentral koordiniertes Netzwerk dargestellt, ist in Wahrheit ein heterogenes Gewoge verschiedenster Ansichten und Interessen. So kann es geschehen, dass eine Politikerin, die ihr Land für Juden zunehmend unbewohnbar macht und in ihrer Außenpolitik ausgeprägt antiisraelische Akzente setzt, den Preis einer jüdischen Organisation erhält.

Isi Leibler, einer der führenden politischen Kommentatoren Israels und einst selbst hoher Funktionär des Jewish World Congress, hält Angela Merkel für nicht preiswürdig. In einem Artikel in der *Jerusalem Post* warf er ihr vor, sie verurteile *„zwar verbal den Antisemitismus, aber (...) tatsächlich hat sie selbst einen nicht geringen Beitrag dazu geleistet, dass Deutschland und die Welt für Juden so viel gefährlicher geworden sind."* Für diesen massiven Vorwurf nennt er fünf Belege:

Erstens: Merkel sei für die Einreise von mindestens einer Million weiterer Migranten aus dem Nahen Osten nach Deutschland verantwortlich, *„darunter zahlreiche Dschihadisten, die ihren Hass auf Juden mitgebracht haben"*, obwohl abzusehen war, dass sich damit die Lage der Juden in Deutschland dramatisch verschlechtern würde. Der wachsende muslimische Judenhass werde von den deutschen Politikern „heruntergespielt". Merkel vertrete stattdessen *„den Standpunkt, Antisemitismus in Deutschland komme zum größten Teil von der extremen Rechten oder von Menschen mit psychischen Störungen – was erwiesenermaßen falsch ist."*

Zweitens: Merkel unterstütze nicht nur das Atomabkommen mit dem Iran, sondern weigere sich, auf die immer wieder ausgestoßenen Drohungen des iranischen Regimes, Israel auszulöschen, angemessen zu reagieren. Sie verhindere die Einstufung der Hisbollah als terroristische Organisation und ermögliche damit Demonstrationen in ganz Deutschland, auf denen die Zerstörung Israels gefordert wird. Ferner sei *„die deutsche Regierung an vorderster Front, wenn es darum geht, US-Sanktionen gegen das Teheraner Regime zu umgehen."*

Drittens: Die Merkel-Regierung habe *„die Anerkennung Jerusalems als Israels Hauptstadt durch US-Präsident Donald Trump verurteilt und die osteuropäischen Länder unter Druck gesetzt, ihre Botschaften nicht nach Jerusalem zu verlegen."*

Viertens: Merkels Regierung stelle weiterhin Millionen Euro für die als antisemitisch anerkannte BDS-Bewegung bereit, die den Boykott Israels fördern.

Fünftens: In den Gremien der UNO habe Merkel-Deutschland *„eine der schlimmsten Abstimmungsbilanzen unter all den heuchlerischen europäischen Nationen, die einseitige Anti-Israel-Resolutionen entweder unterstützen oder sich enthalten".*

Eigentlich zeichnet Isi Leibler in seiner Analyse das Bild einer abgefeimten Feindin der Juden. Man möchte gern glauben, dass sie nicht aus Judenhass dazu geworden ist, sondern aus politischem Opportunismus. Doch in der Wirkung macht es keinen Unterschied. Was den Theodor-Herzl-Preis betrifft, wäre die einzige anständige Haltung gewesen, ihn nicht anzunehmen. Und uns am besten ganz die verlogenen Shoah-Gedenkfeiern zu ersparen. Denn diese Regierung verhöhnt die Opfer durch ihre massive Unterstützung des Iran und anderer Feinde der Juden.

Ich wende mich an die deutschen Juden, an ihre Freunde in Deutschland, an die Freunde Israels, vor allem an ihre offiziellen Vertreter, den Zentralrat der Juden in Deutschland, die Gemeindefunktionäre und Rabbiner, an die Deutsch-Israelischen Gesellschaften, an die wenigen pro-israelischen Politiker in diesem Land: Bleiben Sie diesen unwürdigen, zutiefst verlogenen Veranstaltungen fern. Zeigen Sie der Welt, dass es in Deutschland kritische Menschen gibt, darunter auch Juden mit Rückgrat, die der hinterhältigen Nahostpolitik, der verräterischen Doppelzüngigkeit der jetzigen Bundesregierung nicht zustimmen. Zeigen Sie, dass der Arafat-Verehrer Steinmeier, derzeit Bundespräsident, nicht für Sie sprach, wenn er dem mörderischen Regime im Iran „im Namen seiner Landsleute" zum 40. Jahrestag seiner blutigen Machtergreifung gratulierte. Machen Sie deutlich, dass Außenminister Maas, als er lächelnd und nett gekleidet in der UNO-Vollversammlung saß und dort an einem einzigen Tag 16 anti-israelischen Resolutionen zustimmte, nicht Ihre Interessen vertrat, sondern die einer kleinen, unbeliebten Politikerkaste.

Überlassen Sie diese Feiern den deutschen Politikern, die sich dort selbst beweihräuchern werden wie jedes Jahr: ihre Toleranz und Menschenliebe, ihre gönnerische Herablassung, Juden ein Lebensrecht und dem Staat Israel ein Existenzrecht zuzugestehen. Zum Glück sind wir nicht von der Gnade dieser Politiker abhängig – es wäre glatter Selbstmord. Es ist eine Schande, ein Schmerz, wie sie die Shoah missbrauchen, um von ihrer juden- und israelfeindlichen Politik abzulenken. „Nie wieder!". Und dabei geschieht es täglich.

Im Treibsand der Moral

# „Mein allerliebster Minister"
18. November 2019

Manche lieben Heiko Maas, den adretten Außenminister mit den sexy knappen Anzügen und den feschen Frisuren. Ein neuer, jugendlicher Stil, wenn auch die Außenpolitik genauso altmodisch, dilettantisch und steuergeldextensiv bleibt wie bisher. Die Milliarden versickern in korrupten Regimes in Nahost und anderswo, dafür ist Deutschland immer Avantgarde, wenn es gegen Israel geht, die einzige Demokratie im Nahen Osten. Auch das Verhältnis zu den Vereinigten Staaten wird unter Maas nachhaltig ruiniert, wobei sein Genosse und Amtsvorgänger Steinmeier schon das Seine vorgeleistet hatte. Wenn der deutsche Außenminister dort überhaupt noch empfangen wird, dann eher marginal, mit geringstem protokollarischem Aufwand.

Auch Beliebtheitsumfragen sehen Maas trotz seiner coolen Aufmachung in steilem Abwärtstrend. Zu offensichtlich ist seine Inkompetenz im Umgang mit komplizierten Sachverhalten, etwa der für Deutschland zunehmend schicksalhaften Lage in Syrien. *Spiegel Online,* sonst eigentlich bei deutschen Politikern um Schönfärberei bemüht, bescheinigte Maas *„einen regelrechten Absturz".* Er habe im „Spiegel-Regierungsmonitor", einer Umfrage über *„die Zufriedenheit der Bevölkerung mit der Regierung",* den Negativ-Wert von -73 erreicht (den vorletzten Rang unter allen bewerteten Politikern), *„im September waren es noch -52. Der Sozialdemokrat war zuletzt in die Kritik geraten, weil er gemeinsam mit seinem türkischen Amtskollegen"* einen Syrien-Plan des deutschen Verteidigungsministeriums *„abgebügelt hatte. Maas habe sich Ankara ‚an den Hals geworfen', hieß es etwa."*

Dennoch hat der glücklose Außenminister begeisterte Verehrerinnen. So erklärte ihm die bekannte Berliner Staatssekretärin Sawsan Chebli am 16.11. über Twitter ihre Zuneigung:

*„Mein allerliebster Minister Heiko Maas wurde heute vom Jüdischen Museum Berlin mit dem Preis für Verständigung und Toleranz 2019 geehrt. Kein Politiker setzt sich so gegen Rassismus, Rechtsextremismus und Antisemitismus ein wie er. Herzlichen Glückwunsch."*

Das sogenannte „Jüdische Museum" in Berlin, eine bundesunmittelbare Stiftung des öffentlichen Rechts, von der Bundesregierung subventioniert und gezielt benutzt, führt das Attribut „jüdisch" missbräuchlich im Namen. Sie verlieh Maas den Preis just zur gleichen Zeit, da in New York dessen Vertreter, der deutsche UN-Gesandte Heusgen, in sieben absurden Resolutionen gegen den jüdischen Staat stimmte. Gutes Timing. Für Heiko Maas, geehrt, geliebt, im neuen Dinner-Jackett, ein erfolgreicher Tag. Für die von ihm verantwortete deutsche Außenpolitik eine neue Blamage.

Im Treibsand der Moral

# So billig kommt ihr nicht davon
8. Dezember 2019

Wenn das Handeln eines Politikers – in diesem Fall einer Politikerin – nur noch von taktischen Erwägungen bestimmt wird, kann man von Inhaltsleere sprechen, von konzeptioneller Armut, man kann es auch Täuschung, Falschheit oder Infamie nennen. Fast nichts, was diese Frau tut, ist ohne Kalkül, ohne Berechnung. So auch ihr Besuch in Auschwitz. Gerade jetzt, da die deutsche Regierung international ins Gerede gekommen ist für ihre antiisraelische, daher im Kern antijüdische Politik.

Israel ist einer der Eckpfeiler jüdischen Lebens in der Welt, und wer Israel schadet, der schadet den Juden. Auch wenn es Juden gibt, die betonen, man könne ein guter Jude sein, ohne für Israel einzustehen, man könne Jude sein und Antizionist – glaubt ihnen nicht, sie schwindeln, und sie wissen es auch. Wenn es hart auf hart käme, wenn sie von dort fliehen müssten, wo sie heute sind, wären sie die Ersten, die hier Obdach suchten. Dazu ist dieser Staat gegründet worden, und dazu muss er stark sein. Wer ihn schädigt, sei es durch Unterstützung seiner erklärten Feinde, sei es durch Stigmatisierung in den Abstimmungen der Vereinten Nationen, der will den Juden nicht wohl, und wenn er hundert Klagelieder in Auschwitz anstimmt.

Die Hamburger Wochenzeitung *Die Zeit* lieferte schon wenige Stunden später die erste Hofberichterstattung von diesem „wichtigen Besuch". Für Journalisten ist es vergleichsweise leichte Arbeit, ziemlich sicher in der Wirkung: Ein Auftritt in Auschwitz ist immer erschütternd und liefert eindrucksvolle Bilder. Doch es liegt am Ort und seiner Ausstrahlung, nicht so sehr an den Besuchern. Da kann kommen, wer will, selbst Leute, die Auschwitz missbrauchen als Cover für ihren heimlichen Verrat an den Juden, für ihre zynische judenfeindliche Politik.

Vorsichtshalber wurden ein paar jüdische Fürsprecher mitgenommen, etwa der Präsident des Zentralrats der Juden in Deutschland. Er verlautbarte, was er sollte, eine Würdigung des Besuches als „ganz wichtiges Zeichen" gegen den „Rechtsruck", der heute in Deutschland zu beobachten sei. Weil er glaubt oder zu glauben vorgibt, wenn der Antisemitismus in einem Land zunimmt, müsse es zwangsläufig an einem „Rechtsruck" liegen. Als gäbe es nicht einen ebenso virulenten Antisemitismus der Linken oder den tödlichen Judenhass, den der Heilige Koran gebietet. Einen Judenhass, elementar, religiös motiviert, im Heiligen Text festgeschrieben, für jeden „Gläubigen" verbindlich, der von tausend Kanzeln in Europa gepredigt wird und dafür sorgt, dass „Jude" auf deutschen Schulhöfen wieder das Schimpfwort ist, um die Opfer von morgen zu kennzeichnen.

So diente dieser Besuch auch dazu, um vom eigentlichen Problem abzulenken: Dass der Hass, den die europäischen Juden heute aushalten müssen, von verschiedenen Seiten kommt – dadurch ist ihre Lage, ob nun in England, Frankreich oder Deutschland, so desperat. Nur eine der Quellen zu nennen und die anderen wohlweislich zu verschweigen, wie es der Präsident des Zentralrats tut, bedeutet wissentliche Verharmlosung der Gefahr. Und dient nicht den deutschen Juden, sondern einer Regierung, die nicht willens ist, gegen den Judenhass des religiösen Islam vorzugehen. Der importierte Judenhass wird, indem er heute die deutschen Schulhöfe erobert, das Klima von morgen bestimmen. Diese Regierung hat die deutschen Juden längst verraten. Zum Beispiel durch ihre Einwanderungspolitik. Und nicht nur die Juden. Wortbruch, Heimtücke und Heuchelei sind die Charakteristika der niemals endenden Kanzlerschaft.

Sie empfinde „tiefe Scham", erklärte sie in Auschwitz. Wofür? Für die Verbrechen Toter, nicht der Heutigen. Nicht für das Abstimmungsverhalten Deutschlands in den Vereinten Nationen, wenn es gegen Israel geht. Nicht für den heutigen Judenhass, die Unterstützung terroristischer Regime und Organisationen, deren immer wieder erklärtes Ziel die Vernichtung des Judenstaates ist. Das Problem wird in die Vergangenheit verbannt. Oder für Kampagnen gegen politische Gegner missbraucht. Die Juden spielen in diesen schäbigen Berechnungen ohnehin kaum eine Rolle.

Durch den beharrlichen Totenkult werden die Juden, die eine vitale, inspirierende Kraft für die deutsche Gesellschaft sein könnten, degradiert zu einem Opferverein. Es gibt keine Juden in deutschen Parlamenten, in den höheren Rängen der politischen Parteien oder anderen entscheidenden Gremien, sie sind – bis auf eine Handvoll verwegener Einzelgänger

– auch nicht in den Medien spürbar, im intellektuellen Leben oder in der öffentlichen Diskussion. Ihre offiziellen Vertreter – in der ständigen Angst, das Wenige, das man ihnen zugesteht, auch noch zu verlieren – verhalten sich beschämend handzahm und regierungstreu.

Nichts davon meinte die Rednerin, als sie erklärte, sie empfinde „*tiefe Scham*". Ihre Rede mündete in die üblichen nichtssagenden Versprechungen: „*Wir dulden keinen Antisemitismus. Alle Menschen in Deutschland und Europa müssen sich sicher und zu Hause fühlen.*" Wieder sind die Juden in Deutschland ernsthaft bedroht, und jedes Kind weiß, von welcher Seite. Statt zu handeln, statt Lösungen für die Zukunft anzubieten – für die Juden und alle Deutschen – begnügt sich diese Regierung mit leeren Ritualen. Und weil es kein offizieller Vertreter des deutschen Judentums tut, muss hier der Ort sein, um die beschämte Besucherin und ihre Mittäter wissen zu lassen: So billig kommt ihr nicht davon.

# Iran: Deutschlands Großstrategen allein zu Haus
8. Januar 2020

Präsident Trumps überraschende Aktion gegen eine der übelsten Figuren des Mittleren Ostens, den größenwahnsinnigen iranischen Terrorstrategen Soleimani, hat die deutsche Außenpolitik in eine heikle Lage gebracht. Das Teheraner Regime, das im vergangenen Herbst mit Mühe – nicht zuletzt dank der Grausamkeit Soleimanis – eine Rebellion verzweifelter Untertanen niedergeschlagen hatte, droht und übt Druck aus auf seine westlichen Sympathisanten. Unter sozialdemokratischen Außenministern hat sich Deutschland als einer der Hauptunterstützer des maroden Mullah-Regimes profiliert und fühlt sich nun, wenigstens verbal, zu Treuebekundungen aufgerufen.

In diesem Sinne veröffentlichte gestern die Internet-Ausgabe des *Spiegel* unter dem Titel *Der Bruch mit dem Westen* einen Grundsatz-Artikel von Christiane Hoffmann, einer dort als Nahostexpertin geltenden Redakteurin. Frau Hoffmann hat Ende des vergangenen Jahrhunderts ein paar Jahre als Korrespondentin in Teheran verbracht, sie spricht Farsi und ist Autorin eines Buches *Hinter den Schleiern Irans. Einsichten in ein verborgenes Land*, das allerdings auch schon vor über einem Jahrzehnt (2009) erschienen ist. *„Hoffmann saß 2017 zunehmend häufig in politischen Talkshows (Anne Will, Hart aber fair, Markus Lanz) sowie im ARD-Presseclub"*, lässt uns Wikipedia wissen – offenbar gilt auch das als Qualifikation, um die komplexe Lage im Nahen Osten beurteilen zu können.

*„Mit seinen Drohungen der vergangenen zwei Tage ist US-Präsident Donald Trump dabei, sich aus der westlichen Wertegemeinschaft zu verabschieden"*, beginnt ihr Artikel. Die Verfasserin suggeriert, diese Wertegemeinschaft werde heute weltweit durch Angela Merkel repräsentiert, während die Vereinigten Staaten eine auf Abwegen befindliche marginale Größe darstellten, auf die man notfalls verzichten könne. *„Von einem Amerika, das sich so klar gegen westliche Prinzipien stellt, muss sich Europa deutlicher distanzieren"*, fordert Frau Hoffmann. Die Europäer hätten *„die völkerrechtswidrige Ermor-*

*dung von Qasem Soleimani als unverhältnismäßige Eskalation des Konflikts (...) kritisieren"* müssen. *„Das Vorgehen der USA wurde nicht einmal erwähnt. So macht Europa sich unglaubwürdig."*

Stattdessen müsse man den USA laut und machtvoll entgegentreten. Denn *„die Leisetreterei der Europäer wird Trump nicht besänftigen. Im Gegenteil wächst die Gefahr, dass sich die USA zu weiterer Eskalation ermutigt sehen. Dann allerdings könnten auf die europäischen Alliierten bald unangenehme Entscheidungen zukommen: Was, wenn die Amerikaner einen iranischen Vergeltungsschlag zum Nato-Bündnisfall erklären wollen?"* Das ist offenbar für Frau Hoffmann und andere unter Amerikaphobie Leidende die schrecklichste Vorstellung: dass man für den NATO-Partner einstehen müsste, wie dieser es seit Jahrzehnten für Deutschland tut.

Es mag nicht sehr taktvoll klingen, muss aber einmal ausgesprochen werden: Das heutige Deutschland ist in der internationalen Politik ohne amerikanische Rückendeckung eine Stimme aus dem Nichts. Das Land hat unter der bleiernen Kanzlerschaft Angela Merkels weitgehend seine Verteidigungsfähigkeit eingebüßt, es ist nicht mal mehr imstande, seine Grenzen zu schützen, geschweige denn einen Angriff durch eine fremde Macht abzuwehren, etwa durch einen hochgerüsteten östlichen Nachbarn. Es gibt kaum eine kriegstaugliche eigene Armee, man wäre im Notfall ganz auf die NATO angewiesen, und die steht und fällt mit den USA. Wer Deutschland wohlwill, sollte dringend vor einer weiteren Verschlechterung der deutsch-amerikanischen Beziehungen warnen, statt die Konfrontation mit dem wichtigsten Verbündeten zu empfehlen, ein paar windigen Despoten zuliebe, wie den wankenden Mullahs in Teheran.

Für Großmachtstrategen in den deutschen Medien wie Frau Hoffmann wäre es Zeit, den Ton zu mäßigen, statt zum „Bruch" mit der Schutzmacht aufzurufen. Und für den *Spiegel,* auf kompetentere Analysten der deutschen außenpolitischen Situation zu setzen. Auf viele Arten kann man sich unglaubwürdig machen, auch durch journalistische Suggestionen des Schwachsinns. Der iranische Größenwahn scheint auf manche deutsche Medienleute ansteckend zu wirken. Das gibt noch ein paar hochfliegende Augenblicke, ein paar Artikel im Vollrausch, aber am Ende – wie schon so oft – ein böses Erwachen.

# Gebühren für Großmannsallüren

26. Januar 2020

Als in Deutschland die Gebühren für Rundfunk und Fernsehen eingeführt wurden, eine klassische Zwangsabgabe, habe ich mich gefragt: Wann kommt die Salzsteuer? Sie galt in meiner Kindheit als Sinnbild absolutistischer Despotie, mein Geschichtslehrer konnte nicht oft genug darauf hinweisen, wie rechtlos die armen Untertanen in früheren Zeiten waren, wenn der Herrscher nach Belieben Steuern erheben und eintreiben konnte...

Millionen Deutsche zahlen seither brav die neue Steuer für aufgeblähte Apparate, in denen opulente Intendantengehälter vergeben und gewaltige Geldsummen herumgeschoben werden. Dafür bekommen sie Staatspropaganda in schwachem Deutsch, etwa diesen Kommentar von Sabine Müller, Redakteurin beim *Hessischen Rundfunk*, am 23.1.2020 in der landesweiten Nachrichtensendung *Tagesschau*:

*„Dieser Tag in Jerusalem sollte ein Tag des würdigen Gedenkens sein und ein eindrucksvolles Signal für den gemeinsamen Kampf gegen Antisemitismus. Wie traurig, dass das nicht überzeugend geklappt hat. Ja, vieles war würdig und überzeugend, und dazu hat der deutsche Bundespräsident Frank-Walter Steinmeier beigetragen. Eine Rede über deutsche Schuld und deutsche Verantwortung, darüber, dass es keinen Schlussstrich geben darf (...) Das war würdig. Unwürdig war dagegen, wie Israel und Russland diesen Gedenktag teilweise kaperten. Wie sie vor der offiziellen Veranstaltung sozusagen ihre eigene politische und erinnerungspolitische Privatparty feierten (...) Was ein würdiger Tag mit eindrucksvollen Signalen sein sollte, hinterlässt einen schalen Nachgeschmack..."*

„Klappen" ist ein Wort aus der preußischen Kasernenhofsprache und hat in einem ambitionierten Kommentar nichts zu suchen. Denn als solcher war Frau Müllers Wortmeldung gemeint: Hier wurde von oben herab, aus deutscher Kultur-Attitüde, Juden und Russen zu verstehen gegeben, wie sie sich besser zu benehmen hätten. Und diese Attitüde war verbunden mit einem Fast-Analphabetismus seitens der Schreiberin – eine bekannte Kombination in deutschen Medien. Der irrsinnige Anspruch auf weltweite Deutungshoheit, verbunden mit offensichtlicher Unfähigkeit.

Frau Müller, Sachwalterin von Kultur und „Würde", gebricht es bereits an Sprachgefühl in ihrer Muttersprache. *„Wie traurig, dass das nicht überzeugend geklappt hat"* – auch die hässliche Doppelung „dass das" hätte jeder professionelle Schreiber vermieden.

Der Kommentar musste schnell geschrieben werden, die Apotheose Steinmeiers, ehe der ganze Mann vergessen ist. Sabine Müller legt los wie eine Siebtklässlerin, der die Lehrerin dann doch an den Rand schreiben muss: „Auf den Ausdruck achten!" Es bleibt rätselhaft, wie sie in den Journalismus geraten ist. Wie sie überhaupt auf die Idee kommen konnte, Schreiben zu ihrem Beruf zu machen. Vielleicht muss es einmal gesagt werden: Schreiben, zumindest Schreiben für die Öffentlichkeit, ist eine richtige Arbeit, eine Profession. Eine Tätigkeit, die Können erfordert, Talent und Sprachkenntnis. Nicht jeder ist dazu imstande. Intelligente Menschen erkennen im Verlauf von Kindheit und Jugend, wozu sie geeignet sind, aber auch, wozu nicht. Ich erinnere mich, dass ich in meinen Kinderjahren Pilot, Balletttänzer oder Konditor werden wollte, allesamt interessante Berufe – nur fehlte mir jede Eignung dazu.

Wie Frau Müller zum Schreiben. Sie traut es sich trotzdem zu, an offizieller Stelle, in der wichtigsten Nachrichtensendung des öffentlich-rechtlichen Fernsehens. Die Aufgabe, für die sie dort in Wahrheit bezahlt wird, hat sie erfüllt: den deutschen Bundespräsidenten als den einzigen „würdigen" Redner in Jerusalem herauszustellen. Denn die von den Bürgern eingetriebene Steuer dient der Hofberichterstattung. Frau Müller hat zugleich – wenn auch unfreiwillig – den Beweis erbracht für das bisschen, was an Steinmeiers Rede interessant war: sein Eingeständnis, viele Deutsche hätten aus der katastrophalen Geschichte ihres Landes nichts gelernt.

Sie belehrt, kaum ihrer Muttersprache mächtig, im deutschen Fernsehen andere Völker, dazu nimmt sie deutsche Großmannsallüren an und demonstriert vor aller Welt genau das, was eine israelische Zeitung als Überschrift über Steinmeiers Rede setzte: *German president says Germans haven't learned lesson of Holocaust.* Und die deutschen Steuerzahler müssen sie dafür bezahlen. Wollen sie das wirklich tun? Ich weiß nicht, welche Möglichkeiten es gibt, zu protestieren, Einspruch zu erheben, zu verweigern. Aber eins ist sicher: Es wäre falsch, dazu zu schweigen.

# Faschisten können bunte Jacken tragen
24. Mai 2020

Das Oberlandesgericht Dresden hat kürzlich in einem erstaunlichen Urteil die folgenden Auslassungen der Grünen-Politikerin Claudia Roth für akzeptabel erklärt:

„Wir müssen die Stichwortgeber benennen, all diese neurechten Plattformen, deren Geschäftsmodell auf Hetze und Falschbehauptungen beruht – von Roland Tichy über Henryk M. Broder bis hin zu eindeutig rechtsradikalen Blogs. Und ja, die Brandbeschleuniger sitzen zum Teil auch in unseren Parlamenten. Also: dagegenhalten, laut und deutlich. Denn zuerst kommt das Sagbare, dann das Machbare. Dem Angriff auf die Menschlichkeit folgt der Angriff auf den Menschen."

Als Nicht-Jurist möchte ich eine Diskussion dieses Urteils vermeiden. Stattdessen die betreffende Passage aus einem Interview von Claudia Roth hermeneutisch untersuchen. Ich will Wort für Wort vorgehen:

„*Wir müssen*": Zunächst das „Wir" der kollektiv Handelnden. Der Mehrheitlichen. Der Kampfgruppen und Sturmabteilungen. Zugleich *pluralis majestatis*. Das „wir" enthebt außerdem aller persönlichen Verantwortung. „Wir müssen" bedeutet höhere Notwendigkeit. Denn „wir" agieren nicht aus Vergnügen, sondern weil wir es als unsere heilige Pflicht empfinden.

„*die Stichwortgeber benennen*": „Benennen" ist ein anderes, scheinbar neutraleres Wort für „denunzieren". Der ganze Absatz, den das Oberlandesgericht Dresden nicht weiter gefährlich fand, ist ein Aufruf zur Denunziation. Dieser Vorgang gilt den Dresdner Richtern vermutlich deshalb nicht als justitiabel, weil er in Deutschland so verbreitet ist.

„*neurechts*": Ein schmerzbeladenes Wort. Das Präfix „neu" enthält das Eingeständnis, dass es selbst determinierten Menschen wie Claudia bisher nicht gelungen ist, alles nicht-linke Denken auszumerzen. Stattdessen formiert sich das Unkontrollierbare immer neu.

„*Plattform*": Allzweck-Vokabel mit Beigeschmack. Gemeint ist – vordergründig – eine Website. Doch „Plattform" kann auch eine politische

Bewegung sein. In solchen Nuancen streut der Text seine Verdächtigungen aus: eine Internet-Plattform, die das Potenzial zu einer politischen Bewegung enthält. Also zu einer Gefahr. Die man im Auge behalten, unter Umständen überwachen muss.

„*Geschäftsmodell*": Eine Anspielung darauf, dass Henryk Broder Jude ist? In Claudias Kreisen weiß man fast nichts über Juden, über ihre Bücher, ihre Jahrtausende alte Geschichte, ihren Beitrag zur Geistesgeschichte der Menschheit und zum kritischen Denken, doch man hat gehört, dass sie geschäftstüchtig und geldgierig sind.

„*Hetze*": Dieses Wort wird heute verwendet als Synonym für: unliebsame abweichende Meinung, störender Einwand, nicht von der Hand zu weisendes Argument. Eigentlich gäbe es handfestere Gegenargumente als bloß die Totschlagvokabel „Hetze", doch „wir" wollen nicht vor der Zeit als das erkannt werden, was „wir" angeblich bekämpfen. Zu kompliziert? Nein, ganz einfach. „*Eins in die Fresse ist ein Argument, das ein Jahrtausend Weisheit überrennt*", dichtete der von den Nazis vertriebene jüdische Schriftsteller und satirische Autor Walter Mehring. So weit ist es noch nicht, doch aggressive Sprache ist erlaubt, und „Hetze" darf Claudia alles ihr Unangenehme heute schon nennen.

„*Falschbehauptungen*": Behauptungen, von denen Claudia behauptet, dass sie falsch seien. Nicht, weil sie den Beweis für ihre Falschheit erbringen könnte – so viel geistige Mühe mutet ihr niemand mehr zu –, sondern weil die „Falschbehauptungen" von falschen Menschen erhoben werden (zum Beispiel vom hinlänglich bekannten Juden Broder), also gar nicht richtig sein können.

„*eindeutig rechtsradikale Blogs*": Geschickter Dreh der geübten politischen Rednerin. Die Formulierung „eindeutig rechtsradikal" impliziert, dass es auch „zweideutig rechtsradikale Blogs" gibt, nämlich die zuvor erwähnten von Tichy und Broder. Was nicht wirklich verwundert, da Juden bekanntermaßen zweideutig, also mit gespaltener Zunge reden. Wie die Schlange im Paradies, der Teufel etc.

„*Und ja, die Brandbeschleuniger sitzen zum Teil auch in unseren Parlamenten*": Wieder das „wir" (in „unseren" Parlamenten) als Qualifikation der Mehrheitlichen, Rechtlichen, der mit Claudia Einigen. Denen zu Recht die deutschen Parlamente gehören. Wer sonst noch drin sitzt, ist ein „Brandbeschleuniger".

*„Also: dagegenhalten, laut und deutlich"*: Das Laute und Deutliche war nie Claudias Problem. Kernige Reden auf Grünen-Parteitagen haben sie emporgehoben in ungeahnte Höhen. Sie hat beeindruckendes Körper- und Stimmvolumen und spricht mit schallender, befehlsgewohnter Stimme. Ich habe sie einmal mit einer Gruppe öffentlich-rechtlicher Journalisten reden hören, im Foyer des ARD-Gebäudes in Berlin, wo ich an diesem Tag zu tun hatte. Der Hall ihrer Stimme erreichte mich noch, als ich zwei Stockwerke höher aus dem Fahrstuhl stieg. Dezent im Hintergrund stand ihr Leibwächter. Das ARD-Gebäude liegt gleich neben dem Reichstag, „unserem" Parlament. Wo sie Heimvorteil hat, weil sie dort Vizepräsidentin ist, von Freundin Angelas Gnaden. Wäre sie anderswo auch so vollmundig, sagen wir, wenn sie in persönlicher Begegnung mit Broder „dagegenhalten" müsste? Zum Beispiel in einer Talkshow? Dort soll sie gekniffen haben, las ich, indem sie dafür sorgte, dass Broder ausgeladen wurde.

*„Zuerst kommt das Sagbare"*: Gehobener Edelmenschen-Stil à la Carolin Emcke, deutet aber – neben der schwelgerisch schönen Substantivierung – auf Negatives: die Neigung von Menschen, zu sagen, was sie denken. Also für „sagbar" halten. Und das soll nicht sein. Denn dem „Sagbaren" folgt schleichenden Fußes das „Machbare". Und das Aussprechen von Gedanken, das „Sagbar"-Machen, ist in manchen paranoiden Gedankenwelten bereits „ein Angriff".

*„dem Angriff auf die Menschlichkeit folgt der Angriff auf den Menschen"*: Die semantische Verknüpfung von „Sagen, was man denkt" und „Angriff auf die Menschlichkeit" ist die Pointe des Zitats. Sie evoziert die Frage: Wie können „wir" den „Angriff auf die Menschlichkeit" verhindern? Nur, indem wir das „Sagbar"-Machen verhindern! Also das Aussprechen von Gedanken. Das ist Claudias eigentliches Anliegen. Ihr selbst fällt es nicht so schwer, weil man, um eigene Gedanken auszusprechen, erstmal welche haben muss. Doch auch die Anderen, die Gedankenvollen, sollen gefälligst schweigen. Sonst droht noch Schlimmeres als der Angriff auf die Menschlichkeit, nämlich der Angriff auf Claudia, was bedeutet: „der Angriff auf den Menschen".

Denn wer etwas Kritisches über Claudia sagt, ist nach ihrer Logik ein Feind der Menschlichkeit. Die zitierte Textpassage dient der präventiven Einschüchterung aller, die es eventuell noch wagen könnten. Anonyme „Hass-Mails", die angeblich in großer Menge bei ihr eingehen, dienen als Vorwand, um jede von ihrem engen Weltbild abweichende Meinung zu denunzieren, als „neurechts", „Hetze", „Falschbehauptung", „Brandbeschleuniger" oder zynisches „Geschäftsmodell" cleverer Juden.

Ein Wort zum Stil des Textes: Die Verfasserin bevorzugt Sprach-Stereotype, Versatzstücke, Modewörter, die suggerierten sollen, dass sie zur „in-crowd" gehört, zur tonangebenden Gruppe. Sie möchte den Eindruck von Spontaneität erwecken, doch in Wahrheit ist jedes Wort kalkuliert. Dabei tut sich ein Abgrund an Einsamkeit und echt wirkender Existenzangst auf – trotz grandioser Bezüge. Und, wenn man es nüchterner sieht, an Misanthropie, Judäophobie und wahnhafter Herrschsucht. Faschisten müssen nicht schwarz oder braun gekleidet sein, auch nicht glatzköpfig oder männlich-brutal. Sie können bunte Jacken tragen und sich die Haare gelb färben wie Claudia Roth.

# Vom „Sturmgeschütz" zum „Stürmer"

3. Juni 2020

Das Wort vom „Sturmgeschütz der Demokratie" hat mir nie gefallen, und der Umstand, dass es wahrscheinlich von Rudolf Augstein zur Glorifizierung seines eigenen Blattes in die Welt gesetzt wurde, macht es in meinen Augen noch peinlicher und verfehlter. Stimmt die Metapher? Seit wann werden Demokratien mit schwerem Kriegsgerät erkämpft? Standen die Haubitzen und Panzer nicht meist auf der anderen Seite, auf Seiten der Despoten, waren nicht eher kühne Gedanken und offene Worte, Zivilcourage und Freiheitswille die Waffen der Demokratie?

Wie auch immer. Auch Sturmgeschütze können unter Umständen nützlich sein. Und viele Demokratien sind hochgerüstet und müssen es sein, sonst könnten sie nicht bestehen. *Si vis pacem, para bellum*. Dennoch war mir nie ganz wohl bei diesem Bonmot. Vielleicht, weil ich eine Abneigung gegen das deutsche Wort „Sturmgeschütz" habe. Weil es einem anderen deutschen Wort, „Stürmer", so verdammt ähnlich ist.

*Der Stürmer* hieß eine bereits in der Weimarer Republik, also mitten in der Demokratie, viel gelesene deutsche Wochenzeitschrift, herausgegeben von dem später in Nürnberg zum Tode verurteilten Gauleiter Julius Streicher. Dieser Mann, der auf seinen amerikanischen Verhör-Offizier Georg Kreisler „nicht ganz bei Sinnen" wirkte, war leidenschaftlicher Antisemit. Hitler förderte ihn und seine Wochenzeitung: Das Blatt erreichte in seinen Glanzzeiten eine Auflage von fast einer halben Million. „Die Juden sind unser Unglück" stand als Motto über dem allwöchentlich erscheinenden Elaborat.

Filipp Piatov ist einer der wenigen deutschen Juden, die sich öffentlich äußern, mit einiger Wirkung, denn er schreibt für Deutschlands meistgelesene Zeitung, *Bild*. Und er ist einer der ganz wenigen jungen Juden, die den Mut haben, mit ihrer Meinung hervorzutreten. Sonst sind die deutschen Juden erneut, fünfundsiebzig Jahre nach dem Holocaust, mehrheitlich in angstvolles Schweigen gefallen, in ein Gemeindeleben hinter verrammelten Türen, unter Polizeischutz, möglichst dezent. Die deutschen Politiker nutzen ihre Schwäche und missbrauchen sie: als Opferverein für zunehmend geschmacklose Feierstunden, als Sprachrohr parteipolitischer Interessen. Ihre Kinder, Filipps Altersgenossen, zieht es ins Ausland, sie sitzen zu Hunderten in Tel Aviv und überlegen, ob es schon wieder so weit ist, dass sie auswandern müssen. Nach Umfragen des *European Jewish Congress* fühlen sich mehr als 80 Prozent der Juden in Europa „unsafe", mehr als 40 Prozent ziehen in Erwägung, Europa zu verlassen.

Der richtige Augenblick für das „Sturmgeschütz der Demokratie", mit gezieltem Beschuss gegen die noch verbleibenden Juden vorzugehen. *Der Spiegel,* nach einer langen Vorgeschichte tendenziöser, zum Teil unwahrer, aggressiv antiisraelischer, latent antisemitischer Berichterstattung, schlägt nun neue Töne an und entlehnt sie der Sprache des *Stürmer.* Am 29.5.2020 veröffentlichte das Blatt einen Artikel, in dem Filipp Piatov zur Zielscheibe gemacht wurde: er sei *„mit seiner jüdischen Familie nach Deutschland"* eingewandert, den Meinungswächtern des *Spiegel* bereits zuvor durch *„unbedingte Kritiklosigkeit gegenüber Israel"* aufgefallen und agiere, billig und käuflich, als *„Bluthund"* des Chefredakteurs der *Bild*-Zeitung, Julian Reichelt.

Das vom *Spiegel* verwendete Wort „Bluthund" zur Charakterisierung von Juden stammt aus dem Vokabular der Nazis. Auf den Titelseiten des *Stürmer* und anderer Nazi-Blätter *„dominiert der Bluthund als Tiermetapher",* schreibt die Bremer Soziologin Monika Urban in ihrer Untersuchung über „Judenfeindliche Tiersymbolisierungen". Sie listet einige Beispiele auf: *„Der Bluthund. Die Wahrheit über Trotzki"* (Stürmer, Ausgabe 12, 1936), *„Bluthund Roosevelt"* (2, 1942 – der amerikanische Präsident wurde vom *Stürmer* fälschlich als Jude dargestellt), *„Bluthunde der Weltpolitik"* (5, 1943), *„Forderung jüdischer Bluthunde"* (1, 1944), *„So lernten wir die jüdischen Bluthunde kennen"* (9, 1941) oder *„Der Bluthund. Furchtbare Bluttaten jüdischer Mordorganisationen"* (39, 1926). Kaum ein anderes Wort steht so eindeutig für die verächtliche Darstellung der deutschen Juden in Hitlers Propagandapresse.

Gegen Israel und Juden – wie weit darf man inzwischen gehen? Darf man gegen die Unerwünschten wieder die starken, schmissigen Worte des *Stürmer* verwenden? Verantwortlich für den neuesten Vorstoß sind einige jüngere Mitarbeiter, *Spiegel*-Redakteurin Isabell Hülsen, Leiterin der Wirtschaftsredaktion, assistiert von Alexander Kühn und Anton Rainer, die beide erfolgreich deutsche Journalistenschulen absolviert haben, die Henri-Nannen-Schule in Hamburg respektive die Deutsche Journalistenschule in München. Ich weiß nicht, was sie dort gelernt haben, aber Skrupel im Umgang mit Nazi-Vokabular gehörte offenbar nicht zum Lehrplan. An den links getrimmten deutschen Journalistenschulen scheinen offener Antisemitismus und die Sprache des *Stürmer* kein Problem mehr darzustellen.

Und den *Spiegel*, der ungeniert die Vokabeln der Nazi-Presse gegen deutsche Juden einsetzt, können wir von nun an getrost ein antisemitisches Blatt nennen.

Nachtrag vom 4. Juni 2020 auf *Achgut.com*:
Mein gestern, 3. 6. 2020, auf der *Achse des Guten* veröffentlicher Text über die „Bluthund"-Etikettierung des jüdischen Journalisten Filipp Piatov durch drei Mitarbeiter des Magazins *Der Spiegel* hat kontroverse Reaktionen ausgelöst. Darunter einige, die den *Spiegel* in Schutz nehmen. So schrieb Leser Jan Tenner:

„*Auch wenn man Stimmung erzeugen will und tendenziös schreibt, sollte man das Ergebnis der eigenen Recherche wenigstens korrekt wiedergeben, Herr Noll. Im von Ihnen angeführten* Spiegel-*Artikel heißt es zur Aufregung im Bild-Redaktionsteam nach dem Interview des* Spiegel *mit Drosten wörtlich: ‚Filipp Piatov, Autor des umstrittenen Drosten-Texts, hielt sich weitgehend zurück. Piatov nennen sie intern ‚Reichelts Bluthund', dabei ist er ein eher zarter, feinsinniger Mann.' Vielleicht sollten Sie die Textquelle noch einmal selbst durchlesen.*"

Einverstanden, und wir sollten es gemeinsam tun. Der zentrale Satz der von Ihnen zitierten Passage im *Spiegel*-Artikel lautet: „*Piatov nennen sie intern ‚Reichelts Bluthund', dabei ist er ein eher zarter, feinsinniger Mann.*" Dieser Satz basiert auf einer unbewiesenen, wahrscheinlich auch unbeweisbaren Behauptung: Angeblich würden „sie" Piatov „intern" Bluthund nennen. Wer sind „sie"? Und was heißt „intern"? Die *Spiegel*-Autoren geben vor, sie hätten Kenntnis über Interna der *Bild*-Redaktion und wüssten daher, wie Filipp Piatov von einer nebulös mit „sie" bezeichneten Gruppe seiner Kollegen genannt wird.

Die Verleumdung, Piatov sei der „Bluthund" des Chefredakteurs, wird somit anonymen Stimmen in der *Bild*-Redaktion untergeschoben und danach zum Schein von den *Spiegel*-Schreibern relativiert, indem sie Piatov als „eher zart, feinfühlig" bezeichnen. Damit haben sie drei Wirkungen auf einen Schlag erreicht.

Erstens: Eine Verdächtigung und Anschwärzung der *Bild*-Zeitung, denn die fiese Vokabel aus der „Stürmer"-Sprache stammt angeblich von dort. Zweitens haben die Spiegel-Leute die verleumderische Etikettierung Piatovs als „Bluthund" öffentlich ausgesprochen, unter der Vorgabe, es handle sich um ein Zitat.

Der Zitat-Charakter wird betont, indem „Reichelts Bluthund" im Text in Anführungszeichen erscheint. Zitate, haben wir in der Schule gelernt (und man hörte davon sicher auch auf deutschen Journalistenschulen), müssen mit einer Quelle belegt werden. Hier nun wird es dürftig in dem forschen *Spiegel*-Artikel: die Quelle sind ominöse „sie", angeblich aus dem Inneren der *Bild*-Redaktion.

Ich erkläre hiermit: Die Quelle ist erfunden. Oder allgemeiner ausgedrückt: Der *Spiegel* arbeitet mit erfundenen Quellen. Und nicht nur der ehemalige *Spiegel*-Redakteur Relotius, den das wendige Blatt inzwischen publikumswirksam abgestraft und entsorgt hat. Sondern es bleibt offenbar Gepflogenheit in diesem deutschen Leitmedium. Ich behaupte es so lange, bis die drei *Spiegel*-Mitarbeiter nachweisen, wer „sie" sind, also die Namen der *Bild*-Journalisten bekanntgeben, die Piatov angeblich einen „Bluthund" genannt haben. Sollten sie das nicht können, erfüllt ihr mieser Trick den Tatbestand einer üblen Nachrede gegenüber der *Bild*-Zeitung, deren – wenn auch anonym bleibenden Mitarbeitern – vom *Spiegel* angehängt wird, sie bedienten sich des Vokabulars der Nazi-Presse, was Rückschlüsse auf die dort herrschende Moral suggeriert.

Nun könnte es sein, die drei *Spiegel*-Schreiber fanden das ungeheuerliche Zitat nicht wert, solide belegt zu werden. Vielleicht, weil sie es nicht für ungeheuerlich hielten, sondern für eine Art Scherz, den man am Rand mit unterbringen kann, einen Ulk unter Kollegen (angeblich der *Bild*-Zeitung), wo man es nicht so genau mit dem Quellennachweis nehmen muss. Auch das spräche nicht zu ihren Gunsten. Denn es hieße, dass die drei *Spiegel*-Mitarbeiter – darunter eine Abteilungsleiterin – nicht begriffen haben oder vorgeben, nicht begriffen zu haben, was nach der einschlägig bekannten Vorgeschichte in Deutschland die Etikettierung eines Juden als „Bluthund" bedeutet. Nämlich das, was sie selbst so gern anderen unterstellen: „rassistische Hetze". Und welchen Effekt das Wiedereinführen von Nazi-Vokabular in die öffentliche Debatte des erst seit kurzem von den Gebrechen seiner totalitären Vergangenheiten genesenen Landes haben muss. Auch in diesem Fall wären die drei als Mitarbeiter eines angeblich seriösen, überregionalen, sogar international bekannten Nachrichtenmagazins nicht länger tragbar.

Drittens ist die verleumderische Wirkung gegenüber dem zuvor als Juden identifizierten *Bild*-Mitarbeiter Filipp Piatov umso stärker, wenn er hinterher in gönnerhafter Freundlichkeit als „eher zart, feinfühlig" beurteilt wird. Hier entsteht ein Kontrast zwischen der Einstufung als „Bluthund" und seinem eigentlichen Wesen, der im Leser die Frage aufkommen lässt: Wenn er zart und feinfühlig ist, warum gibt er sich dann dazu her, der „Bluthund" des Chefredakteurs zu sein? Ist er schizophren? Ein Heuchler? Oder käuflich? Ist er so karrierebesessen, dass er, seinen eigentlichen Charakter unterdrückend, für Julian Reichelt die „blutigen" Aufträge ausführt? Die vorgebliche

Freundlichkeit der *Spiegel*-Schreiber ist ein vergiftetes Kompliment. Und das Wort „Bluthund" wirkt im Kontrast zu jener willkürlich zugesprochenen Zartheit und Feinheit umso drastischer.

Ich mache mir die Mühe dieser Text-Exegese, weil sie uns ins Arsenal eines unsauberen, verleumderischen Journalismus führt, der immens beiträgt zum viel beklagten Ansehensverlust der Medien. Dabei stammt die hier angewandte Taktik der indirekten Verleumdung aus der Trickkiste des Revolverjournalismus. Schon Egon Erwin Kisch hat in seinem wunderbaren Buch „Marktplatz der Sensationen" einige aus seiner Jugend vor dem Ersten Weltkrieg erinnerliche Finten und Manipulationen von Zeitungsjournalisten ausgeplaudert. Wenn man jemanden verleumden wolle, durch das Verbreiten einer rufschädigenden Lüge, sollte man diese am wirksamsten durch ein Dementi verbreiten. Etwa: *Wir widersprechen hiermit Meldungen, der bekannte Abgeordnete Dr. X. sei gestern Nacht sinnlos betrunken und in Gesellschaft einer Prostituierten in der Y.-Gasse gesehen worden.* Damit, so Kisch, sei erfolgreich und juristisch nicht angreifbar die Nachricht verbreitet worden, Dr.X. sei, nicht näher bezeichneten Quellen zufolge, zu nächtlicher Stunde betrunken und in zweifelhafter Gesellschaft unterwegs gewesen.

Ähnlich wird im Artikel des *Spiegel* die eigentliche Verleumdung durch das Mittel des scheinbaren Widerspruchs verbreitet: „sie" (bei der *Bild*-Zeitung) nennen Piatov „intern" einen „Bluthund", dabei sei er eigentlich ein zartsinniger Mensch. Der *Spiegel* tritt hier scheinbar als Verteidiger auf, als Stimme des Menschlichen, in Wahrheit lanciert er eine – wahrscheinlich erfundene – üble Nachrede. Zentrales Anliegen des *Spiegel*-Artikels bleibt die „Bluthund"-Verleumdung gegen einen jungen deutschen Juden. Sie wird nicht direkt erhoben, sondern in raffinierter, feiger Weise einer anderen Quelle untergeschoben.

Soweit zu den Methoden, mit denen das geschätzte Magazin arbeitet. Dem oben zitierten Leser muss ich zu seinen Gunsten bescheinigen, dass er der Infamie des *Spiegel* nicht gewachsen ist. Er ist ein vertrauensvoller Mensch und hielt diese perfide Textpassage offenbar für anständigen Journalismus.

Im Treibsand der Moral

# Die USA-Unkenrufe der Edelfedern
31. Juli 2020

Glaubt man den führenden deutschen Medien, befinden sich die Vereinigten Staaten von Amerika in einem immerwährenden schrecklichen Niedergang. Seit meiner Jugend höre und lese ich von der dort eskalierenden grauenhaften Gewalt, von Rassismus, sozialer Ungerechtigkeit, Ausbeutung und gnadenloser Ellbogen-Mentalität, von täglichen Schießereien und einem stets lauernden Bürgerkrieg. Von Zuständen, die demnächst zu einem dystopischen Ende führen werden.

Ich muss dazu sagen, dass ich in meiner Jugend zu den wenigen Ostdeutschen gehörte, die *Spiegel* und *konkret* lesen konnten, und meine infantile Amerika-Scheu aus diesen West-Medien nicht minder als aus der DDR-Presse genährt wurde. Denn darin waren sich Ost-Kommunisten und West-Linke schon damals einig und sind es bis heute: dass Amerika der Schrecken schlechthin ist, Quelle des Unmenschlichen und Bösen, der Klima-Verderbnis, der weltweiten Versklavung armer Völker, und dass wir zwar alle eine gewisse Schwäche haben für amerikanische Hightech-Produkte, Popmusik, Filme, bequeme Klamotten, Getränke, Snacks und Sexspiele, dass diese Neigung aber irgendwo zutiefst unmoralisch ist.

Geradezu provozierend ist die Heuchelei der Amerikaner, die ihre Vergnügungssucht und ihren Egoismus auch noch mit Heimatliebe und Religion verbinden, sodass all diese Kapitalisten, Ausbeuter anderer Völker, Rassisten und Gewalttäter auch noch sonntags in irgendwelche Kirchen gehen (die zudem verwirrend verschieden sind) oder sonnabends in Synagogen (denn es gibt so unheimlich viele Juden unter ihnen), um dort zu beten und zu singen. Sie singen und tanzen überhaupt gern, essen und trinken nach Herzenslust, zeigen eine Neigung zu Süßigkeiten und berauschenden Substanzen und versuchen, in ihrem Leben einerseits möglichst viel Geld zu verdienen, andererseits möglichst viel Spaß zu haben.

Für Deutschland interessieren sie sich kaum. Schon das ist aus Sicht von *stern, Zeit* und *Spiegel* unverzeihlich. Einige Ost- und Westküsten-Intellektuelle haben versucht, Angela Merkel zur Galionsfigur ihrer Anti-Trump-Bewegung zu erheben, haben sie zur „mächtigsten Frau der Welt" erklärt und ihr einen der immer wohlfeileren Ehrendoktorhüte der *Ivy League* aufgesetzt, doch die bleierne Kanzlerin ist im Land des schnellen Wechsels weitgehend unverkäuflich.

Dabei sind viele Amerikaner deutscher Herkunft. Doch die Wenigsten von ihnen blicken mit Wehmut auf das Land zurück, aus dem sich ihre Vorfahren verabschiedet haben, aus engen, tausendjährigen Dörfern in die unendliche Weite eines neuen Kontinents. Da galt es, Wüsten zu erobern, Städte, Straßen und Eisenbahnen von tausenden Meilen Länge zu bauen, da wurde man, aus welchem kleinen europäischen Milieu man immer stammte, stolzer Amerikaner. Donald Trump ist das beste Beispiel dafür: Er hat seine deutsche Abstammung lange verheimlicht, um bloß nicht für den Enkel eines Kallstädters aus dem Landkreis Bad Dürkheim in der Pfalz gehalten zu werden, der er ist. Die Aversion deutscher Medien beruht zu einem Gutteil auf diesem wenig schmeichelhaften Verhalten.

Zugleich ist sie zyklisch. Amerika-Hass deutscher Medien wallt auf in Wellen, er nahm gegenüber republikanischen Präsidenten schrille Formen an, bei Reagan oder George W. Bush. Jetzt, bei Trump, geht er ins Hysterische. Die gerade laufende Kampagne kann noch so nichtig, kurzlebig und nach amerikanischen Maßstäben marginal sein, deutsche Medien werden den Eindruck erwecken, die Vereinigten Staaten stünden wieder einmal kurz vor dem Zusammenbruch. Wer solche Aufwallungen mehrmals miterlebt hat, weiß, dass die edlen Gründe – moralische Empörung über Rassismus, soziale Ungerechtigkeit, Kriminalität, Polizeigewalt oder Waffenmissbrauch – nur vorgeschoben sind. Was man republikanischen Administrationen in Wahrheit übelnimmt, ist ihr Hang zum „Isolationismus", das heißt, dass sie weniger dazu neigen, sich anderswo einzumischen, aber auch weniger Interesse an ihren Vasallenstaaten zeigen, zu denen der Westen Deutschlands – zu seinem Segen – seit Ende des Zweiten Weltkriegs gehörte.

Der erste Amerika-Untergangs-Text eines westdeutschen Leitmediums, den ich bewusst wahrnahm, war Hermann Schreibers pompöser New-York-Essay *Oh Babylon, oh Calcutta* am 26.4.1971 im *Spiegel*. Da war ich sechzehn Jahre alt und empfänglich für diese Art pseudointellektuellen Journalismus: *„New York geht zugrunde, langsam, aber stetig. New York geht zugrunde an sich selber. Das Symbol wird zum Menetekel. Dies ist der Augenblick für ein Requiem bei Lebzeiten."* Angeblich hatten die New Yorker jener Tage nur noch eins im Sinn: *„Alle reden vom Abhauen (...) Auch Big Business haut ab. Die Erosion, die New York stückweise zur Steppe werden lässt, macht nicht Halt bei den Häusern (...)"*

Wie kam es dann, fragte ich mich zwanzig Jahre später, als ich mich an Schreibers Untergangsgesang erinnerte, dass sich die Einwohnerzahl der Stadt seither verdoppelt hat? Und New York wieder zur geliebten Metropole, zum Touristenmagneten geworden ist? War es wirklich nur „die harte Hand" des republikanischen Bürgermeisters Giuliani, seine *„zero-tolerance-policy"* gegen Kriminalität und Terror, die aus der von Schreiber beschworenen „Müllhalde", der „Kulisse des Bürgerkrieges", wieder einen lebenswerten Ort werden ließ? Oder hatte Schreibers düsteres Panorama nie die Wirklichkeit abgebildet, sondern ein Wunschbild deutscher Neider? Mein Vater, Zeit seines Lebens von einem unversöhnlichen Antiamerikanismus erfüllt, dabei Raucher von Lucky Strike und Pall Mall, Liebhaber von Handfeuerwaffen, Johnny Walker und Levi's mit dicken Ledergürteln, war von Schreibers Elaborat tief ergriffen. Er sprach tagelang von nichts anderem als von der Verkommenheit der Vereinigten Staaten, von ihrem Chaos und wohlverdienten Untergang.

Schreibers Text ist vor fünfzig Jahren geschrieben worden, die dem Untergang geweihten Vereinigten Staaten existieren noch immer und gedeihen, sie haben der Menschheit seither die Hightech-Revolution, den PC, das Internet und Google, unzählige wissenschaftliche Entdeckungen, tausende Hollywood-Filme und geistige Moden – darunter durchaus zweifelhafte – geschenkt, doch in den deutschen Medien liest man unverändert, wie dieser Tage in der Zeit, von ihrem Niedergang: *„Die Vereinigten Staaten von 2020 sind ein im Mark erschüttertes Land, fixiert auf den irrlichternden Präsidenten (...), politisch kaum mehr handlungsfähig, abgelenkt, zunehmend paranoid, innig mit sich selbst verfeindet."*

Diesmal ist es die Black-Lives-Matter-Bewegung, die Corona-Epidemie oder die Zerstörung des Landes durch Trump. Wieder tun die Verfasser, als müsse man sich mit Schaudern, mit der Entrüstung der Wohlanständigen, von Amerika abwenden. Aber was war das kürzlich in den gleichen Blättern für ein Wehklagen und Jammern, als Trump ein paar tausend amerikanische Soldaten aus Deutschland abzuziehen beschloss, weil die Bundesregierung seit Jahren ihren finanziellen Verpflichtungen innerhalb der NATO nicht nachkommt. Mit einem Mal wurde sichtbar, wie abhängig Deutschland noch immer vom verhassten Amerika ist, wie schwach, militärisch gesehen, und nicht überlebensfähig ohne die NATO im Rücken, die zum überwiegenden Teil eine amerikanische Leistung bleibt. Und ohne die Zuwendungen und Zugeständnisse der Schutzmacht, die man im undankbaren Deutschland so gern verschweigt.

Um sich diesem Eingeständnis zu entziehen, bleibt auch die deutsche Amerika-Wahrnehmung verzerrt. Die Schreiberei von Autoren wie Hermann Schreiber zeigt das eigentliche Problem, sie gilt als „Qualitätsjournalismus" und führt doch geradewegs zu Relotius und zur offenen Lüge. Dabei mochten hier die Details noch einigermaßen stimmen, all die Recherchen, Zitate und O-Ton-Stimmen (wer hat sie übrigens, außerhalb des *Spiegel*-Hausarchivs, jemals nachgeprüft?), doch die Tendenz war schon damals falsch, ideologisch ausgerichtet, nicht von Fakten bestimmt, sondern, ähnlich wie beim Antisemitismus, von Ressentiment. Diese „Haltung" gefällt einer Leserschaft, die ein Problem mit den Vereinigten Staaten hat, weil sie ihnen fast alles verdankt, die Freiheit, den Wohlstand und die eigene Identität. Die auch beim *Spiegel* einem amerikanischen Vorbild nachempfunden ist: In Stil und Anspruch, in der ambitiösen Intellektualität, bis ins Layout, bis zum roten Rand des Covers folgt das linke Herzblatt dem amerikanischen Nachrichtenmagazin Time.

Trotz aller Nachäfferei des Äußerlichen haben die meisten deutschen Qualitätsjournalisten Amerika nie verstanden. Sie können die Weite des Blickwinkels nicht erfassen, die ungeheuerliche Diversität, das elementare Lebensgefühl der Toleranz, die Verrücktheit des Kreativen, die Abgründigkeit der Lebensläufe – der erwähnte New Yorker Bürgermeister und Mafia-Jäger Guiliani ist Sohn eines italienischen Gangsters. Das darf alles nicht sein. Dörfler zeichnen sich dadurch aus, dass sie, was sie nicht kennen und nicht verstehen, ablehnen und verteufeln. An ihrem bigotten

Amerika-Bild zeigt sich, wie sehr die meisten deutschen Edelfedern bis heute schreibende Provinzler geblieben sind.

So werden ihre unermüdlichen Untergangsprophetien nicht Amerika schaden, auch nicht Trump oder den Republikanern, sondern ihnen selbst und ihrem eigenen Land. Dessen Regierende das Verhältnis zu Deutschlands großem Anreger und Gönner täglich mehr ruinieren. Mögen *Zeit, stern, Spiegel* und das Staatsfernsehen weiter in Amerikas Niedergang schwelgen – es ist keine Frage, wer hier den Kürzeren zieht.

# Hamas. Tod der Hoffnung. Von Deutschland bezahlt
4. August 2020

Der nach Schweden emigrierte Palästinenser Muhammad Shehada hat einen erschütternden Bericht über die Lage der Bevölkerung im Gaza-Streifen veröffentlicht, die seit 2005 von der radikal-islamischen Organisation Hamas mit äußerster Brutalität regiert wird. *„Fast jeder, den ich kenne, hat mehr als einmal an Selbstmord gedacht"*, schrieb Shehada am 15.7.2020 in der israelischen Tageszeitung *Ha'aretz*. *„Trotz des strikten Tabus (das dem Suizid im religiösen Islam gilt) wird das Jahr 2020 einen neuen Rekord an Selbstmorden in Gaza verzeichnen, meist durch junge Menschen, unbeschäftigt und erstickt von Hoffnungslosigkeit."*

Shehada stammt selbst aus Gaza. Er weiß, dass es weniger materielle Gründe sind, die junge Gaza-Araber in tödliche Verzweiflung treiben, denn aufgrund immenser internationaler Hilfszahlungen ist der dortige Lebensstandard höher als in umliegenden arabischen Ländern, etwa Ägypten oder Syrien. Was junge, gebildete Gaza-Bewohner *„in Wahrheit gebrochen hat"*, schreibt Shehada, sei der Eindruck, *„dass jeder Weg aus der höllischen Sackgasse von Gaza blockiert ist, mit keiner anderen Möglichkeit, als sich das Leben zu nehmen."*

Ihm selbst ist die Ausreise aus der fundamentalistischen Hölle durch ein Touristenvisum in die Türkei gelungen, von dort auf nicht näher bezeichneten Wegen nach Nordeuropa. Bereits die Erteilung des Visums durch die Hamas-Administration kostet mehrere tausend Dollar. Auch viele seiner Freunde würden solche Wege versuchen, doch die korrupte Hamas hat längst ein erpresserisches Geschäft daraus gemacht und fordert immer höhere Summen. Er beschreibt den Mechanismus am Beispiel des 23-jährigen Sulejman Al-Ajouri, der sich eine Woche zuvor in Gaza erschossen hatte.

Al-Ajouri gehörte zu den Aktivisten einer jugendlichen Protest- und Bürgerrechtsbewegung, die 2019 unter dem Motto „Wir wollen leben" zum Auslöser großer Demonstrationen in Gaza geworden war. Westliche

Medien widmeten den Protesten ausführliche Berichte, die BBC nannte sie eine *„friedliche, populäre Jugendbewegung"*. Sie sei ein Versuch, in dem von Gewalt überreizten Klima Gazas friedlichere Formen der Interaktion einzuführen. *„Wir sind nicht politisch, wir wollen nicht mal einen Wechsel des politischen Systems"*, wurde einer ihrer Sprecher zitiert. *„Wir wollen nur unsere Menschenrechte."*

Für die Hamas ist diese Forderung bereits ein Verbrechen, sie ging mit äußerster Härte gegen die Bürgerrechtler vor: Die Straßenproteste wurden blutig zerschlagen, Aktivisten wie Al-Ajouri vom „Sicherheitsdienst" verhaftet und in den unterirdischen Kerkern der Hamas verhört und gefoltert. Nach seiner vorübergehenden Freilassung versuchte Al-Ajouri, Gaza zu verlassen, er brachte sogar die Summe auf, um ein Touristenvisum zu bezahlen, doch scheiterte er offenbar an weiteren Geldforderungen. Am Ende dieser kurzen Biografie steht sein Selbstmord, einer von vielen dieser Tage.

*„Die meisten Gazaner haben mit ähnlichen Erfahrungen zu tun"*, schreibt Shehada. *„So nahmen sich am selben Tag wie Sulejman drei andere junge Bewohner des Gaza-Streifens das Leben: Ayman al-Ghoul, 24, stürzte sich vom fünften Stockwerk seines Wohnhauses in den Tod, eine 30-jährige Frau erhängte sich in ihrer Wohnung, und Ibrahim Yassin, 21, erlag seinen Verletzungen, nachdem er sich eine Woche zuvor aus Verzweiflung selbst in Brand gesetzt hatte."*

Es handle sich jedoch bei diesem Tag, Anfang Juli 2020, nicht um einen Extremfall, so Shehada in seinem Artikel in *Ha'aretz*, da sich auch am kommenden Tag drei junge Gazaner das Leben genommen hätten: Ein Ahmed al-Malahi *„schluckte 50 Tabletten (offenbar toxischer Substanz)"*, ein junges Mädchen stürzte sich aus dem Fenster und ein 18-jähriger Teenager nahm gleichfalls eine tödliche Dosis Medikamente ein *(„tens of pills")*. Am Mittwoch dem 8. Juli, dem dritten Tag in dieser Reihe, versuchte oder vollzog – die Stelle im Text ist nicht ganz klar – ein weiterer junger Mann den Sturz vom Balkon im Gebäude des Ministeriums für Sozialwesen, nachdem dort ein für ihn existenziell entscheidender Antrag abgelehnt worden war.

Natürlich ist der in Schweden lebende, aus Gaza geflohene Student Shehada keine wirklich verlässliche oder nachprüfbare, schon gar keine

„offizielle" Quelle. Andererseits gibt es, was Gaza betrifft, auch keine anderen, die zuverlässiger oder glaubhafter wären. Die „offiziellen" statistischen Angaben der Hamas sind weitgehend Fantasie, nach jeweiligem Tagesbedarf, und es wirkt lachhaft, wie internationale Organisationen, die Vereinten Nationen oder die EU, die oft frei erfundenen Zahlen der Hamas – etwa von Todesopfern israelischer Luftangriffe – für bare Münze nehmen.

Zuletzt hatte sich Lorenzo Cremonesi, ein als israelkritisch bekannter Korrespondent der italienischen Zeitung *Corriere della Sera,* während der Militäroperation „Gegossenes Blei" im Januar 2009 die Mühe gemacht, in den Krankenhäusern von Gaza selbst zu recherchieren und die dortigen Angaben über Tote und Verletzte mit den „offiziellen" der Hamas zu vergleichen, er kam dabei auf weniger als die Hälfte der offiziell angegebenen. Andererseits kann man davon ausgehen, dass die Hamas, falls sie überhaupt Angaben zu Suiziden junger Gaza-Araber macht (was unwahrscheinlich ist, da es Selbstmord nach Maßgaben ihrer Ideologie nicht geben darf), diese gegenüber den wirklichen drastisch reduzieren würde.

Nimmt man die von Muhammad Shehada gegebenen Fälle als halbwegs glaubwürdig an und rechnet sie – acht Selbstmorde in drei Tagen – auf einen Jahresdurchschnitt hoch, käme man (die wahrscheinliche Bevölkerungszahl von 1,2 Millionen zugrunde gelegt, eine Zahl, die deutlich unter den „offiziellen" Angaben der auf möglichst üppige Hilfsgüter erpichten Hamas liegt) auf rund 100 Selbstmorde pro hunderttausend Einwohner pro Jahr (im Vergleich, nach Angaben der WHO: Deutschland 9, Israel 5, USA 13, Russland 26), vielleicht die höchste, mit Sicherheit eine der führenden Selbstmordraten der Welt.

Deutsche Außenpolitik dieser Tage – besonders unter sozialistischen Ministern wie Steinmeier, Gabriel, Maas – ist träge, teuer und aufs Gestern fixiert. Ideologisch behinderte Konzepte, ruinöse Bündnisse mit ineffizienten Diktaturen, verkalkte Institutionen und parasitäre internationale Organisationen dominieren die Entscheidungen. Daher ist Deutschland, nach dem vernünftigen Rückzug der Amerikaner unter Trump, inzwischen von allen Staaten der größte Sponsor des überflüssigen, für eine Lösung des Gaza-Problems hinderlichen UN-Hilfswerks UNRWA, das weitgehend von Hamas-treuen Kadern kontrolliert wird. Und damit – auf diese und manche andere Weise – einer der Hauptunterstützer der Hamas. Im vergangenen Jahr soll Deutschland (nach der Ankündigung von Außenminister Maas) 145 Millionen Euro für die UNRWA zugesagt haben, ein Großteil dieser großzügig verschenkten Steuergelder dürfte der Hamas zugutegekommen sein.

Nahost-Analysten, auch *Ha'aretz*-Autor Muhammad Shehada, begründen die Hinnahme und Unterstützung des Terror-Regimes der Hamas mit der vergleichsweisen Kalkulierbarkeit dieser weitverzweigten Organisation, gemessen an den anderen terroristischen Milizen, die in Gaza ihr Unwesen treiben. Das mag zutreffen oder nicht – unter dem Hamas-Terror zu leiden hat die Bevölkerung. Ihre Verzweiflung zeigt sich in einer erschreckenden Selbstmordrate – andere Möglichkeiten offener Meinungsäußerung bestehen in Gaza nicht. Eigentlich bieten Hilfsgelder die Möglichkeit, dem Empfänger Bedingungen zu stellen. Angesichts der weiteren gedankenlosen Unterstützung des Terror-Regimes in Gaza ist der deutsche Anspruch, die schwache deutsche Nahostpolitik diene einer „Verbesserung der Lage der Palästinenser", reine Heuchelei.

# Manchmal werden Wunder wahr

17. August 2020

David Ben-Gurion hatte einst vorausgesagt, das Verhältnis zwischen Israel und seinen arabischen Nachbarstaaten werde im Wesentlichen davon abhängen, wie sich Israel wirtschaftlich entwickelt: Je mehr der jüdische Staat seinen Nachbarn zu bieten hätte, umso eher würden sie ihren sinnlosen Widerstand gegen seine Existenz aufgeben und normale zwischenstaatliche Beziehungen eingehen.

In den vergangenen zwei Jahrzehnten hat Israel eine fast unvorstellbare wirtschaftliche Entwicklung genommen. Sie verdankt sich nicht zuletzt der sogenannten „Zweiten Intifada", die mit dem blutigen Lynchmord von Ramallah an zwei israelischen Reservisten im Oktober 2000 begann und fast fünf Jahre dauerte, bis zum Abkommen von Sharm El-Sheich. In diesen Jahren brach die israelische Tourismusindustrie zusammen, zehntausende junge Israelis waren auf Arbeitssuche und wagten mit dem Mut der Verzweiflung den Sprung in eine selbstständige Existenz. Der damalige Finanzminister Netanjahu sorgte durch radikale Reformen dafür, dass die Gründung von Start-up-Unternehmen erleichtert wurde. Tausende solcher Unternehmen entstanden, viele auf dem Gebiet der Hightech-Industrie.

Heute ist Israel in der Hightech-Industrie eins der führenden Länder der Welt. Zum Beispiel der weltweit größte Exporteur unbemannter Flugkörper (die unter anderem von der Bundeswehr geleast werden, zuletzt im Juni 2018 fünf Eitan-Heron-Drohnen für rund eine Milliarde Euro). Viele der kleinen Start-ups von damals, gegründet von Studenten, sind heute weltweit tätige Unternehmen, in vielen Fällen mit offiziellem Firmensitz im Ausland, um mit Staaten, die offiziell keine Beziehungen zu Israel unterhalten, Geschäfte machen zu können, darunter mit arabischen, denen der 1948 verhängte Boykott der Arabischen Liga eine Fessel anlegte. Schon seit vielen Jahren gibt es, insgeheim oder offen, Handelsvertretungen Israels in arabischen (Kuwait, Katar, Bahrain) oder maghrebinischen

Staaten (Marokko, Tunesien, Mauretanien) und umgekehrt. Zu Jordanien und Ägypten bestehen ohnehin seit längerem reguläre diplomatische Beziehungen.

Die technologischen Entwicklungen israelischer Wissenschaftler und Unternehmer sorgten auch dafür, dass in diesen Jahren durch Einführung einer hocheffizienten Meerwasserentsalzung Israels Wasserproblem langfristig gelöst werden konnte und durch Entdeckung und Erschließung riesiger Erdgasvorkommen im Mittelmeer das Energieproblem. Israel, zur Zeit meiner Einwanderung vor fünfundzwanzig Jahren noch abhängig vom Import australischer Steinkohle und zuletzt 2009 von einer Wasserknappheit heimgesucht, exportiert heute Wasser nach Jordanien und Erdgas nach Ägypten. Die Palästinensergebiete wurden, trotz aller vollmundigen Drohungen und Bekundungen seitens der Abbas-Behörde, abhängig von israelischen Wasserimporten, Energieleistungen und wirtschaftlicher Zusammenarbeit mit dem vorgeblichen Feind.

Für intelligente Beobachter in Saudi-Arabien, Abu Dhabi, Dubai, Bahrain, Kuwait oder Katar musste der Eindruck entstehen, die als Israels Verhängnis gedachte Intifada habe sich in ihr Gegenteil verkehrt: eine Quelle von Segnungen und ungeahntem Reichtum. Wie in der biblischen Geschichte von Bileam, erzählt im 4. Buch Moses 22, der von dem feindlichen König Balak ausgesandt war, um Israel zu verfluchen, und es gegen seinen Willen segnete. Jeder gläubige Muslim kennt dieses Gleichnis, das in verdeckter Form im Koran (Sure 7, Al Araf, Vers 175) und ausführlich und offen bei berühmten islamischen Exegeten wie Tabari oder Al-Thalabi thematisiert wird. Wenn es nicht ein göttliches Wunder ist (und manchmal werden Wunder wahr), dann ist es ein Zeichen von Stärke. Niemand wird in der arabischen Tradition so hochgeschätzt wie der Starke, der Sieger.

Zu den Möglichkeiten, die Israels hochmoderne Wirtschaft den arabischen Nachbarn bietet, kommt im letzten Jahrzehnt die zunehmende gemeinsame Bedrohung durch das Mullah-Regime im Iran. Während die arabischen Nachbarn peu à peu ihre Beziehungen zu Israel verbesserten, setzt die iranische Führung auf Konfrontation, religiösen Fanatismus und immer wieder erklärte Vernichtungswünsche bezüglich des jüdischen Staates. Unklugerweise begann die schiitische Theokratie in Teheran zugleich einen religiös motivierten Kampf gegen die sunnitische Mehrheit der Region, gegen Saudi-Arabien und die reichen Emirate am Persischen Golf, Dubai, Abu Dhabi, Bahrain (verbunden mit absurden Gebietsforderungen), der sich in die Arabische Halbinsel zerrüttenden Stellvertreterkriegen niederschlägt, in Syrien, im Irak, im Jemen oder – dieser Tage wieder aufflammend – im Libanon. Längst ist an die Stelle des früheren israelisch-arabischen Konflikts ein neuer Konflikt als Ursache des ständigen Unfriedens der Region getreten: der teils offene, teils verdeckte Krieg zwischen dem Iran der schiitischen Mullahs und der Allianz der sunnitisch-arabischen Staaten.

Das iranische Regime ist bemüht, seine zunehmende Isolation im Nahen Osten durch eine Annäherung an China zu kompensieren, die wiederum für den Westen, für die Vereinigten Staaten und Europa, gefährlich werden könnte. Die unter Ausnutzung des syrischen Bürgerkriegs versuchte Ausdehnung des iranischen Einflussgebiets durch einen schiitisch dominierten „Korridor" bis an die Mittelmeerküste passt gut zur chinesischen Expansionsstrategie „One Road One Belt", und auch sonst ist der annähernd bankrotte Mullah-Staat für die finanzstarke, zum Aufkaufen ganzer Volkswirtschaften und Staaten aufgelegte chinesische Führung ein lohnendes Objekt. Das in Arbeit befindliche, kürzlich in der *New York Times* und anderswo angekündigte Abkommen zwischen China und dem iranischen Regime sieht im Zeitraum der nächsten 25 Jahre chinesische Investitionen in Höhe von 400 Milliarden Dollar vor, vor allem für den Ausbau von Infrastruktur im Sinne einer chinesischen Einflusssphäre Richtung Mittelmeer und Europa, zudem, was noch bedrohlicher ist, in einer allmählichen Aufrüstung des Mullah-Staates zur dominierenden militärischen Macht in der Region.

In dieser Situation erlangt Israel eine neue strategische Bedeutung: als derzeit einzige Kraft im Nahen Osten, die den weiteren Vormarsch der Mullahs Richtung Mittelmeer stoppen kann. In den vergangenen Monaten, unter dem Cover der Corona-Krise, fast alltäglich (oder allnächtlich) ausgeführte Angriffe der israelischen Luftwaffe auf iranische Brückenköpfe in Syrien, auf Raketendepots und Lager der „Revolutionären Garden", mehr noch die in den letzten Wochen gemeldeten mysteriösen „Explosionen" und „Feuer" auf iranischem Staatsgebiet (darunter die Zerstörung der nuklearen Zentrifugen in Natanz und der unterirdischen, dem Bau von Langstreckenraketen dienenden Anlagen von Khojir) haben sowohl das iranische Regime erheblich geschwächt als auch den arabischen Staaten nochmals Israels immense technologische Überlegenheit vor Augen geführt. Die syrische Luftabwehr erwies sich – trotz eilig ins Land geholter russischer Raketensysteme – als ohnmächtig, und die seit Jahren über iranischem Gebiet fliegenden Tarnkappenjäger vom Typ F-35 wurden im Iran nicht einmal bemerkt.

Wer die Gaza-Kriege 2009, 2012 und 2014 in Israel miterlebt hat, erinnert sich an das allmähliche Umschwenken der Arabischen Liga von anfänglicher Solidarität mit der „Sache der Palästinenser" zu zunehmender Gleichgültigkeit und Ablehnung. Arabische Stimmen mehrten sich, die in der Hamas und anderen Palästinenser-Organisationen hoffnungslose Invest-Ruinen sahen, an die ihre arabischen Brüder in den reichen Golfstaaten schon zu viele Milliarden verschwendet hätten. *„Israel führt Krieg",* schrieb die *Frankfurter Allgemeine Zeitung* am 22. Juli 2014, *„und zum ersten Mal wird er von der arabischen Welt gebilligt. Die Feinde von gestern entdecken gemeinsame Interessen – und neue gemeinsame Feinde."* Der ägyptische Präsident al-Sisi gab damals zu verstehen, er hoffe auf eine „Zerschlagung der Hamas" durch Israel. Im gleichen Jahr schätzte eine Studie der Universität Tel Aviv über das rasante Anwachsen des Handelsvolumens zwischen Israel und den Golfstaaten, *„that Israel exports more than a half-billion dollars worth of products to Gulf states each year, though always through third-party countries."*

Der amerikanische Präsident Trump hat diese Entwicklungen erkannt und seit Beginn seiner Amtszeit auf eine Annäherung zwischen Israel und den arabischen Staaten gesetzt. Anders als bei seinem Vorgänger Obama war sein Blick auf die israelisch-arabische Konstellation frei von den Behinderungen verjährter Ideologien. Ihm ging es nicht um postkolonialistische Schuldgefühle des Westens gegenüber den in ihrem Opfergeschäft erstarrten „Palästinensern", sondern um Bewegung, Entwicklung und die Gelegenheit zu einem „Deal". Er durchschaute die Notwendigkeit für die arabischen Staaten, sich Israel anzunähern: ihre Not in der Bedrohung durch das aggressive Regime im Iran, ihre schwindende finanzielle Kraft durch den fallenden Ölpreis, überhaupt die sinkende Bedeutung des Erdöls, folglich ihr wachsendes Interesse an ihrem technologiestarken jüdischen Nachbarstaat, der ihnen bei der Lösung vieler ihrer Probleme helfen kann. Schon im Mai 2017, kurz nach seinem Amtsantritt, besuchte Trump Saudi-Arabien und installierte seinen Schwiegersohn Jared Kushner als Unterhändler zwischen Israel und den sunnitisch-arabischen Staaten.

Das am 13. August dieses Jahres öffentlich gemachte Friedensabkommen zwischen Israel und den Vereinigten Arabischen Emiraten, verbunden mit der Aufnahme diplomatischer Beziehungen, der Einrichtung von Botschaften und intensiver wirtschaftlicher und sicherheitspolitischer Zusammenarbeit, konnte deshalb nicht wirklich überraschen. Es ist logische Konsequenz von Israels wachsendem Einfluss in der Region und dem allmählichen Zur-Vernunft-Kommen seiner früheren Feinde. Staaten wie Bahrain und Oman, schon seit längerem mit der israelischen Regierung im Gespräch, werden folgen. Auch die baldige Aufnahme diplomatischer Beziehungen mit Saudi-Arabien nannte Kushner „inevitable", unvermeidlich. Diese Abkommen werden die Situation im Nahen Osten radikal verändern. Sie können, angesichts der bestehenden Aggressivität des Regimes im Iran, der Region zwar noch nicht den erhofften Frieden bringen, aber eine reale Hoffnung für die Zukunft.

# Ende der jüdischen Einwanderung nach Deutschland?

31. August 2020

Die jüdische Einwanderung aus der ehemaligen Sowjetunion nach Deutschland ist klammheimlich durch einen Verwaltungsakt des deutschen Auswärtigen Amtes gestoppt worden, berichtete der Berliner *Tagesspiegel*. Unter Hinweis auf die „Corona-Pandemie" bekommen Juden – im deutlichen Unterschied zu deutschstämmigen Spätaussiedlern – *„im deutschen Konsulat nicht einmal einen Termin zur Visavergabe"*, schrieb der *Tagesspiegel* am 27.8.2020. *„Für die jüdische Zuwanderung könne ‚keine Ausnahme vom Annahmestopp gewährt werden', heißt es im Terminvergabesystem des Auswärtigen Amtes für die Vertretung in Moskau. Wer dennoch einen Termin buche, werde ‚bei Vorsprache im Konsulat abgewiesen und für die weitere Terminbuchung vorerst gesperrt'."*

Für viele der plötzlich um das versprochene Visum gebrachten Juden hat diese vom deutschen Auswärtigen Amt verordnete Regelung katastrophale Folgen. Darauf hätten *„mehr als dreißig in Russland sowie Belarus lebende jüdische Bürger in einem offenen Brief an die Bundesregierung"* hingewiesen, berichtet der *Tagesspiegel*, dem dieser Brief vorliegt. Die Antragsteller hätten *„bereits Monate vor dem Beginn der Corona-Pandemie eine Zusage für die Einwanderung nach Deutschland erhalten. Es fehlte nur noch die letzte Formalie, das Visum. Eine der Voraussetzungen für die Erteilung eines Visums sei die Abmeldung des Wohnsitzes in Russland."*

Dem seien die antragstellenden Juden nachgekommen. Doch nun können sie ohne gemeldeten festen Wohnsitz in Russland keine Arbeit mehr annehmen. Ihre bisherigen Arbeitsverträge hatten die meisten mit Blick auf die bevorstehende Auswanderung bereits gekündigt. Arbeitslosenunterstützung erhalten sie gleichfalls nicht, da sie für die Visa-Erteilung ihren russischen oder belorussischen Hauptwohnsitz abmelden mussten. Auch medizinische Hilfe durch Einrichtungen im Herkunftsland dürfen sie nach Abmeldung der russischen oder belorussischen Adresse nicht mehr in Anspruch nehmen. Ihre Kinder können auch nicht weiter die

Schule besuchen. Die betroffenen jüdischen Familien werden auf diese Weise systematisch asozialisiert.

Der dem Auswärtigen Amt vorstehende deutsche Außenminister Heiko Maas hatte einst mit der schamlosen Erklärung verblüfft, er sei *„wegen Auschwitz in die Politik gegangen"*. War es so gemeint, dass er die Muster der Diskriminierung von Juden, deren schrecklicher Tiefpunkt durch das Wort „Auschwitz" symbolisiert wird, in seiner Amtszeit heimlich wieder aufleben lässt? Obwohl der von der Bundesregierung kontrollierte Zentralrat und die meisten Juden in Deutschland von ungewöhnlicher Dezenz im Auftreten sind, bereitet diese Bevölkerungsgruppe angesichts des zunehmenden Antisemitismus der deutschen Politik immer wieder peinliche Augenblicke. Daher hätte mancher deutsche Politiker offenbar nichts dagegen, wenn es weniger, am besten überhaupt keine Juden in Deutschland gäbe.

Ein Einreisestopp ist umso wirksamer, als die Zahl der in Deutschland lebenden Juden ohnehin seit Jahren zurückgeht. *„Die Mitgliederzahlen der jüdischen Gemeinden sinken"*, meldete im April 2019 der *Deutschlandfunk* unter Berufung auf Statistiken der jüdischen Zentralwohlfahrtsstelle in Berlin. Die Zahl der Juden in Berlin sei in den vergangenen Jahren um zehn, in Frankfurt und Düsseldorf um je sieben Prozent gesunken. Eine Mitarbeiterin der Jüdischen Gemeinde Köln nannte Zahlen, nach denen ihre Gemeinde sogar um zwanzig Prozent geschrumpft sein muss, von knapp fünftausend Mitgliedern auf nur noch viertausend. Unweigerlich werde es, so der in Gelsenkirchen lebende Blogger und Gemeindeaktivist Chajm Guski, demnächst zur Schließung kleinerer jüdischer Gemeinden in Deutschland kommen.

Man könnte von einem synchronen Vorgehen sprechen: Auf der einen Seite das allmähliche Vergraulen der deutschen Juden durch forcierte Einwanderung muslimischer junger Männer (die nach allen Umfragen unter deutschen Juden mit Abstand das höchste Bedrohungspotenzial bei judenfeindlichen Übergriffen bilden) und auf der anderen das Verhindern neuer jüdischer Zuwanderung. Bei dieser konzertierten Aktion ist es eine Frage der Zeit, dass die Zahl der Juden in Deutschland erneut bis zur Bedeutungslosigkeit schrumpft. Nach einer längeren Vorgeschichte abenteuerlicher Nahostpolitik durch Außenminister der SPD tritt der bisher als „Israelkritik" maskierte Antisemitismus der deutschen Sozialdemokratie nun endlich offen zutage.

Schon zwei Tage nach Veröffentlichung dieses Textes auf *Achgut*, am 2.9.2020, gab das Bundesinnenministerium bekannt: „*Trotz Corona: Einreise für jüdische Zuwanderer wieder möglich.*" Hier der Wortlaut der Pressemitteilung:

„*Der Bundesminister des Innern, für Bau und Heimat hat am 2. September 2020 entschieden, dass die Corona-bedingten Einreisebeschränkungen für jüdische Zuwanderer aufgehoben werden. Bislang gab es aufgrund der Empfehlung des Rates der EU vom 30. Juni 2020 für jüdische Zuwanderer, die hauptsächlich aus der Ukraine und Russland kommen, keine Möglichkeit der Einreise. Trotz der weiterhin kritischen Infektionslage in diesen Ländern hat sich die Bundesregierung darauf verständigt, den Ausnahmetatbestand bei Einreisen aus humanitären Gründen auf jüdische Zuwanderer auszuweiten. Das Bundesministerium des Innern, für Bau und Heimat trägt mit dieser Entscheidung der hohen Bedeutung des Aufnahmeverfahrens Rechnung, welches vor dem Hintergrund der historischen Verantwortung für die Verbrechen des Nationalsozialismus entstanden ist. Das Auswärtige Amt wird die betroffenen Auslandsvertretungen informieren, um – wo immer möglich – die Visa-Vergabe zum Zwecke der jüdischen Zuwanderung wieder aufzunehmen.*"

Diese Mitteilung wurde drei Tage später, am 5.9.2020, durch eine E-Mail der aus der Ukraine stammenden Eheleute Maryna und Leonid K. bestätigt, die sich an mich um Hilfe gewandt hatten und nun wissen ließen: „*Wir haben heute die Einreisevisum [sic] erhalten und freuen uns sehr darüber. Vielen Dank für Ihre Hilfe und Unterstützung. Wir wünschen Ihnen alles Gute! Mit freundlichen Grüßen Leonid K., Maryna K.*"

# Ein Festakt von kaum zu überbietendem Trübsinn

16. September 2020

Mit einem Festakt von kaum zu überbietendem Trübsinn beging der Zentralrat der Juden in Deutschland gestern sein 70-jähriges Bestehen. Ich habe mir in Israel den vom *Rundfunk Berlin-Brandenburg* ausgestrahlten Live-Stream angesehen und musste ihn mehrmals verlassen, um im Garten Luft zu schnappen, ein paar Granatäpfel zu ernten oder meinen Augen die Wohltat des blauen Himmels über der Wüste zu gönnen. Mich zu erholen von all dem Schwarz, all den bittern, biestigen Mienen, dem überalterten, hoffnungslosen Publikum, das vor der Kulisse einer Synagogenruine in Berlin zusammenkam.

Dieses Publikum war homogen, politisch-korrekt, im Mindestabstand auf weiße Plastikstühle platziert und von geradezu hypnotisierender Langeweile. Verehrer des Israel-hassenden Mullah-Regimes in Teheran wie Claudia Roth setzten gewisse Akzente, auch der von Auschwitz inspirierte deutsche Außenminister, zahlreiche ehemalige oder noch amtierende Bundesminister und natürlich die Kanzlerin, der Schmeicheleien vonseiten der Zentralratsfunktionäre galten. Sie wird, trotz ihrer Blindheit gegenüber muslimischem Judenhass, in diesen Kreisen tatsächlich noch hofiert.

Die Misere des Zentralrats der Juden ist schon in seinem Namen enthalten: Er ist das zentrale, konkurrenzlose, überwiegend von Gnaden der Bundesregierung, von ihren Subventionen abhängige, offizielle Gremium einer niedergehenden, zunehmend marginalisierten Gemeinschaft. In anderen westlichen Ländern werden die offiziellen jüdischen Gremien von den Juden selbst finanziert, sie sind stark und autonom, es gibt ihrer viele, sie spiegeln eine Diversität und Kreativität des Judentums wider, von der in Deutschland fast nichts zu spüren ist. Denn in Deutschland ist der Staat der Geldgeber, und das macht das einzige offizielle jüdische Gremium, den Zentralrat, zu einem Appendix der Bundesregierung, deren Politik er in jedem Fall vertreten muss, selbst wenn sie den deutschen Juden schadet.

So wird er zu einem peinlichen Verein aufs Gestern fixierter, serviler Funktionäre, von dem sich viele deutsche Juden nicht vertreten fühlen. Vor allem die jüngeren nicht. Das ist einer der Gründe für die tragische Überalterung und den rapiden Mitgliederschwund der jüdischen Gemeinden in Deutschland. Die Kinder der eingewanderten russischen Juden treten in großer Zahl aus den Gemeinden aus. Von den in Deutschland lebenden meist jüngeren Israelis weiß man, dass sie die staatlich kontrollierten Synagogen meiden und Shabat und Feiertage unter sich, in eigenen „Kulturvereinen" begehen. Warum sollten sich junge Juden für den Zentralrat engagieren, ihn womöglich unterstützen, da er sich – wie auch bei diesem öden Festakt deutlich wurde – vornehmlich der Vergangenheit verschrieben hat, einem Judentum der Katastrophe und der Gräber?

Daher trug die Veranstaltung, eigentlich als grandiose Selbstbestätigung gedacht, den Charakter einer Trauerfeier. Die Redner betonten mit sorgenvoller Miene die Zunahme des Antisemitismus in Deutschland, der das jüdische Leben erneut prekär werden lässt. Der Versuch einer Revitalisierung des einst glanzvollen jüdischen Lebens in Deutschland ist gescheitert. Zumindest in dem Sinne, dass man dieses heutige Dasein beim besten Willen nicht vital nennen kann. Sätze wie *„Wir dürfen uns über ein blühendes jüdisches Leben freuen"* in der Rede der Kanzlerin entsprechen einfach nicht den Tatsachen.

Ich wünsche den deutschen Juden eine Zukunft und eine ihren Fähigkeiten angemessene Rolle in der Gesellschaft. Sie haben das Potenzial, dem derzeit ideenarmen Deutschland kreative und intellektuelle Impulse zu geben, die dringend vonnöten wären. Stattdessen müssen sie sich in ihren Gemeinden einigeln und gegen einen Ansturm judenfeindlicher Attacken verbarrikadieren. Der zunehmende Antisemitismus erklärt sich zum größten Teil daraus, dass man unentwegt muslimischen Judenhass nach Deutschland importiert und dieser importierte Judenhass den bereits im Land vorhandenen, sei er von rechts oder von links, ermutigt und stärkt. Die Realität der deutschen Schulhöfe, auf denen das Wort „Jude" erneut zum Epitom des Verächtlichen und Verfolgungswürdigen geworden ist, hat ein selbstbewusstes Dasein der nächsten jüdischen Generation schon jetzt zunichte gemacht.

Josef Schuster, der Präsident des Zentralrats, wagte immerhin, ein muslimisches Attentat der letzten Jahre überhaupt zu erwähnen, Festrednerin Merkel tat jedoch, als habe sie davon noch nie gehört und beharrte auf dem Narrativ einer überwiegenden, wenn nicht ausschließlichen Bedrohung durch „Rechtsradikale". Ihre Botschaft war eindeutig: Ihre Regierung ist nicht willens, den muslimischen Judenhass, die von den deutschen Juden nach allen Umfragen als am stärksten gefühlte Gefahr, überhaupt zur Kenntnis zu nehmen.

Zu spät schwenkte die Kamera ab, um nicht noch das eiskalt-unbeteiligte Gesicht der SPD-Vorsitzenden Saskia Esken zu zeigen, die während der sinnlosen und sentimentalen Rede der Kanzlerin ihr Smartphone checkte und Kurztexte tippte. Wenigstens sie hat die vertane Zeit dieser Feierstunde einigermaßen sinnvoll genutzt.

Dieser Artikel hatte zur Folge, dass der Verfasser seither nicht mehr in der vom Zentralrat der Juden in Deutschland herausgegebenen *Jüdischen Allgemeinen Wochenzeitung* veröffentlichen darf.

Im Treibsand der Moral

# Die Jungle World und der Unvereinbarkeitsbeschluss
11. Februar 2021

Vor einigen Tagen schrieb ich an eine mir seit Jahren bekannte Redakteurin der Wochenzeitung *Jungle World,* ob ich in ihrem Blatt das neue Buch des deutsch schreibenden, aus der Ukraine eingewanderten Dmitrij Kapitelman besprechen könne. Kapitelman ist ein begabter junger Autor, der besseres Deutsch schreibt als viele gebürtige Deutsche, und außerdem noch geistreich ist. Nachdem ich sein erstes Buch in der *Jungle World* rezensiert hatte, schien es sinnvoll, dort auch das nächste zu besprechen.

Die Zeitschrift *Jungle World* versteht sich als „links". Ich habe mich, seit ich die Klemmer meiner kommunistischen Jugend abgelegt hatte, nie an solche Etiketten gehalten. Da ich mich mehr für Literatur als für Politik interessiere, habe ich Bücher, die mir bemerkenswert schienen, überall besprochen, in staatlichen Rundfunksendern, im Feuilleton konservativer, liberaler oder linker Medien, im Internet. Einige Jahre lang schrieb ich für die *taz,* die *Jungle World,* sogar für das *Neue Deutschland.* Im Grunde ist es mir egal, ob sich jemand „links" oder „rechts" nennt, wenn er nur intelligent und gesprächsbereit ist. Die Zusammenarbeit entstand meist auf der Grundlage persönlicher Bekanntschaft mit Redakteuren, mit denen ich mich gut verstand.

Daher war ich extrem überrascht, von der Redakteurin der *Jungle World* schon Stunden später folgende Antwort zu erhalten: *Lieber Chaim Noll, das Angebot muss ich leider ausschlagen. Grund ist ein Unvereinbarkeitsbeschluss der Redaktion gegenüber der* Achse des Guten *bzw. ihrer [sic!] Autoren. Tut mir persönlich leid. Mit freundlichen Grüßen und den besten Wünschen XY*

„Unvereinbarkeitsbeschluss" ist eins der dümmsten Wörter, die ich seit langem gelesen habe. Es ist zutiefst deutsch, unübersetzbar und unerklärbar. Unter Kanzlerin Angela wird auf Gesinnung geachtet, konsequent, wie sie es in ihrer Jugend gelernt hat, als Funktionärin der „sozialistischen Jugendorganisation", und ihr macht gehorsam mit. Daher der Unterton autoritärer Amtssprache. Wie ihn Victor Klemperer in seiner *Lingua Tertii*

*Imperii,* einer sprachwissenschaftlichen Studie über die NS-Zeit untersucht hat. Oder wie wir ihn aus der DDR kennen. Anmaßende Substantivierungen, kompakte Zusammenschlüsse zu Wortmonstern, militante Endgültigkeit. „Unvereinbarkeitsbeschluss" – eigentlich ist schon die ernsthafte Verwendung dieses Wortes durch eine Literaturredakteurin eine Unmöglichkeit. Und wäre Grund genug, meinerseits jede weitere Zusammenarbeit „auszuschlagen". Weil mein Gegenüber, obwohl für die Literaturseite einer linken deutschen Wochenzeitung zuständig, offensichtlich ins Illiterate abgedriftet ist.

Ich will der Vollständigkeit halber festhalten, dass ich das nicht getan, sondern der Redakteurin eine freundliche Antwort geschickt habe: Ich bot an, bei meinem nächsten Deutschlandbesuch das offenkundige Missverständnis in einer persönlichen Aussprache „gesprächsweise zu klären". Und die Redakteurin schrieb zurück, sie werde versuchen, einen Termin mit den Herausgebern möglich zu machen. Erst einige Tage später wurde mir bewusst, was hier eigentlich geschehen ist: Eine deutsche Zeitschrift beendet die Zusammenarbeit mit einem jüdischen Autor, der in ihrem Feuilleton das Buch eines anderen jüdischen Autors besprechen möchte, mit der Begründung, dass der Abgelehnte für eine von einem dritten jüdischen Autor gegründete Internetzeitung schreibt. Wenn das nicht de facto Antisemitismus ist, was dann?

Natürlich ist es kein offener, wie deutsche Linke generell ihren Antisemitismus niemals offen eingestehen. Im Gegenteil: Sie leben in dem Glauben, der Antisemitismus sei eine Krankheit der Rechten und sie seien durch ihr Linkssein dagegen gefeit. Ich will mich hier nicht darüber auslassen, welche schändliche Tradition die Judenverachtung gerade in der deutschen Linken, etwa in der Sozialdemokratie aufzuweisen hat. Marx, Bakunin, Kautsky waren Antisemiten, nicht aus rassistischen oder religiösen Gründen, sondern aus soziologischen: Sie hielten Juden für die Inspiratoren des verhassten Kapitalismus. Und im Wesentlichen ist es dabei geblieben, siehe das perverse Verhältnis der deutschen Linken zum Wirtschaftswunder Israel.

Wozu also noch ein Gespräch, wo ich doch weiß, dass es keinen Sinn hat, mit Antisemiten zu diskutieren? Besonders mit solchen, die sich selbst nicht dafür halten. Bei einem antisemitischen Akt kommt es auf die Wirkung an, nicht auf die erklärte Absicht. Und wenn die *Jungle World* neuerdings eine „politische Haltung" vertritt, die es ihr verbietet, mit einem jüdischen Autor zu arbeiten, weil er für den Internet-Blog eines anderen jüdischen Autors schreibt, dann agiert sie – ob sie es zugibt oder nicht – antisemitisch. Liebe Leute von der *Jungle World:* Ihr habt nicht verstanden, dass es für Broder oder mich als Juden vollkommen gleichgültig ist, aus welcher „Haltung" heraus ihr uns diskriminiert – was zählt, ist der Fakt, dass ihr es tut. Und dass ihr, wenn ihr Juden diskriminiert, weil sie euch unliebsame Ansichten vertreten, einen geradezu klassischen Fall von Antisemitismus darstellt. Ihr habt offenbar auch nicht verstanden, dass Toleranz eigentlich erst dort anfängt, wo man die Meinung Andersdenkender toleriert.

Kapitelmans Buch werde ich nun woanders besprechen, denn mir liegt an deutsch-jüdischer Literatur. Und der *Jungle World* werde ich Adieu sagen. Deutsche Linke: Ihr müsst euch immer wieder von neuem beweisen, dass ihr keine Nazis seid, und ihr tut es, indem ihr andere Deutsche dessen beschuldigt und ausgrenzt. Ihr fühlt das Bedürfnis nach Reinigungs- und Strafprozeduren, um zu zeigen, dass ihr bessere Menschen seid als die anderen. Es ist wieder so weit, dass mir, einem Juden, vorgeschrieben wird, wo ich in Deutschland veröffentlichen darf und wo nicht. Und dass ihr mich bestraft, wenn ich gegen eure Vorschriften verstoße. Ihr haltet euch für aufgeschlossen, modern, tolerant, global akzeptabel, für die erfolgreichen Überwinder der Katastrophenmuster eurer Großväter. Doch in Wahrheit habt ihr nichts verstanden.

# Ist das Goethe-Institut antisemitisch? Eine private Chronique scandaleuse
26. April 2021

*Das Goethe-Institut genießt seit über 70 Jahren im In- und Ausland einen hervorragenden Ruf als Dialogpartner Deutschlands mit der Welt und unterstützt Projekte mit herausragendem Profil und hoher Wirkung in der Öffentlichkeit.*
Goethe Institut / Über uns

*Das Goethe-Institut wird überwiegend aus dem Bundeshaushalt finanziert (…) Das Jahresbudget des Goethe-Instituts belief sich 2015 auf rund 387 Millionen Euro, wovon rund 229 Millionen Euro Zuwendungen des Auswärtigen Amts aus den Mitteln für die Auswärtige Kultur- und Bildungspolitik darstellten.*
Wikipedia

Unter den auf der Website des Instituts aufgelisteten „FörderInnen" finden sich die Alfried Krupp von Bohlen und Halbach-Stiftung, Allianz Kulturstiftung, Deutsche Bank, Axel Springer Stiftung, Bayer AG, Bertelsmann, Daimler-Benz, BMW, Continental, Robert Bosch Stiftung, Volkswagen AG, Verlagsgruppe Holtzbrinck, Siemens AG und zahlreiche andere deutsche Unternehmen und Stiftungen.

Im April 1993 lud mich das Goethe-Institut Jerusalem zu einem Vortrag ein, Thema: Wie ich als Jude das heutige Deutschland sehe. Ich lebte zu dieser Zeit noch in Rom, zwei Stunden Flugzeit, und freute mich, ein paar Tage in Israel verbringen zu können. Als ich am Nachmittag landete, wehte der heiße, scharfe Wüstenwind Sharav, der neben anderen unangenehmen Wirkungen eine leicht gereizte Stimmung verbreitet. Vielleicht war das der Grund, warum Herr R., Leiter des Goethe-Instituts Jerusalem, der mich vom Flughafen abholte, die ganze Autofahrt über schimpfte.

In mein Tagebuch notierte ich: „*Unterwegs erzählt mir R., wie ungern er hier lebt. Er vermisse ‚Kultur', Israel sei ‚langweilig' und ‚primitiv'. Er gibt sich als junger Deutscher vom neuen Schlag, gemäßigt links, früher Lehrer in Wuppertal. Die Israelis nennt er ‚verroht' und ‚brutal' durch die ständigen Kriege. ‚Ihnen fehlt Kultur', sagt er später nochmals, den Wagen durch den dicken Nachmittagsverkehr manövrierend. Hat es Sinn, ihn über den Beitrag der Juden zur Weltkultur aufzuklären? Und besonders zur deutschen? Ich beschließe, seine Gesellschaft zu meiden, mir selbst ein Bild zu machen. Schönes Hotel im türkischen Kolonialstil, Zimmer über Eck. Später Empfang auf der Jerusalem Book Fair, Rede von Lord Weidenfeld. Wegen meines morgigen Vortrags gibt es schon jetzt Probleme, ein Professor Z. vom Deutschen Kulturrat, der mit mir auf dem Podium sitzen soll, möchte vorher das Manuskript lesen, ‚um sich vorbereiten zu können'. Hat meine wenig begeisterte Reaktion auf R.s Reden (eine Art Eingangs-Test) sein Misstrauen geweckt? Nach längerer Verhandlung sage ich zu, an der Rezeption meines Hotels bis morgen Vormittag zehn Uhr eine Kopie zu hinterlegen.*"

Das war zu spät, um den Vortrag, der für drei Uhr nachmittags angesetzt war, noch abzusagen, falls mein Text Missfallen erregen sollte. Und da ich wusste, was ich geschrieben hatte, hielt ich das für sehr wahrscheinlich. „*Mein Vortrag am Nachmittag verlief turbulent*", heißt es im Tagebuch, die Ereignisse eher beschönigend. Ich sprach über den latenten Antisemitismus, den ich im vereinigten Deutschland spürte, vor allem unter angepassten Intellektuellen, unter Linken. (Dabei waren *Spiegel* und *Süddeutsche* damals noch nicht zu ihrer richtigen Form aufgelaufen.) Professor Z. und Mitarbeiter des Goethe-Institutes versuchten, die Diskussion abzuwürgen, die sehr aufregend verlief: Zustimmung von einigen Israelis, heftige Angriffe durch anwesende deutsche Diplomaten, Professoren, Kirchenleute. „*It was a shame to hear this*", sagte ein älterer Deutscher. Meine Antwort: „*Maybe, but not my shame.*" Kurz, es war nicht das, was man sich vorgestellt hatte.

Einige Tage später traf ich nochmals mit Herrn R. vom Goethe-Institut zusammen, an der Rezeption des Hotels, wo er eben meine Rechnung bezahlte. Er wies auf die Kosten hin, die mein Aufenthalt in Jerusalem verursacht habe, und fügte anklagend hinzu: „*Und dann hatten wir so viel*

*Ärger ihretwegen."* Laut Tagebuch beschäftigte mich schon damals die Frage: *"R. vom Goethe-Institut erwähnt mit einem gewissen Stolz, dass er kein Wort Hebräisch spricht, obwohl er seit Jahren hier lebt. Auch sein Englisch ist schauderhaft. Nach welchen Gesichtspunkten werden solche Stellen besetzt?"*

Beim Abflug war ich sicher, niemals mehr vom Goethe-Institut eingeladen zu werden. Da ich damals schon meine Auswanderung im Blick hatte, nahm ich es nicht allzu tragisch. Übrigens war es dann nicht so leicht wie gedacht, mich aus den Aktivitäten des Goethe-Instituts zu eliminieren, da gelegentlich ahnungslose Dritte meine Teilnahme an Veranstaltungen vorschlugen. Und in einigen Fällen, wenn „Drittmittel" im Spiel waren, auch durchsetzten. Ich nahm solche Einladungen meistens an, mit dem besonderen Vergnügen, den Funktionären des Goethe-Instituts ein Ärgernis zu sein.

So kam es im Juli 2010 auf Veranlassung der Else-Lasker-Schüler-Gesellschaft zu meiner Teilnahme an einer Konferenz im Goethe-Institut Tel Aviv. Ich lebte damals schon lange im Süden Israels und fuhr mit dem Zug, *"unter blauem Himmel, mit Blick auf offene Wüste",* wie ich notierte, also in bester Laune. Dann saß ich mit einigen gestandenen Israelkritikern auf dem Podium, mit dem eloquenten Tel Aviver Soziologie-Professor Moshe Zuckermann (beliebter Referent des Goethe-Instituts, Autor des Buches *"Israels Schicksal. Wie der Zionismus seinen Untergang betreibt"*) und einem ehemaligen israelischen Botschafter in Deutschland, Avi Primor (Träger hoher Auszeichnungen wie des Bundesverdienstkreuzes „mit Stern und Schulterband"). Beide trugen, wie üblich, ihre scharfe Kritik an Israels Politik und Entwicklung vor, Zuckermann erklärte wörtlich, Israel stünde *"am Abgrund",* daher seien Intellektuelle moralisch verpflichtet, Widerstand gegen die israelische Regierung zu leisten.

Mein Statement galt wieder dem latenten Antisemitismus der deutschen Mainstream-Linken, den ich, wie ich sagte, seit meiner Jugend bestens kannte, *"auch in all seinen modischen Verkleidungen",* da ich selbst aus der Linken stamme. Als ich den Gedanken aussprach, Israelkritik sei inzwischen *"eine beliebte Tarnung für die alten antijüdischen Ressentiments",* erlitt Moshe Zuckermann einen cholerischen Anfall, der uns ernsthaft um seine Gesundheit bangen ließ. Nach einigen schreiend hervorgestoßenen Sätzen lief sein Gesicht rot an, er begann am ganzen Körper zu zittern, dann sprang er auf und lief aus dem Saal.

Avi Primor entzog sich einer weiteren Diskussion, indem ihm plötzlich, mitten in der Veranstaltung, ein wichtiger Termin anderswo einfiel und er sich eilig verabschiedete. In der Tür stieß er mit Zuckermann zusammen, der sich offenbar auf der Herrentoilette kaltes Wasser über den Kopf gegossen hatte und nun, immer noch tropfend, aufs Podium zurückkehrte. Der damalige Leiter des Goethe-Instituts Tel Aviv, Dr. B., ertrug höflich meine Anwesenheit bis zum Ende der Veranstaltung, gab mir jedoch beim Abschied zu verstehen, dass er nicht damit rechne, mich jemals wiederzusehen.

Dennoch trat ich im November 2010 nochmals im Goethe-Institut Jerusalem auf, in einer Veranstaltung, die der Leiter der Konrad-Adenauer-Stiftung Hamburg, Dr. D., organisiert hatte. Im Tagebuch finde ich die kurze Notiz: *„Vortrag Goethe-Institut vor sympathischer deutscher Gruppe, Jung-Politiker, Bundeswehroffiziere, Juristen. Karsten D. umarmt mich zum Abschied, verabredet drei Tage Veranstaltungen in Hamburg mit mir für kommenden Mai. Kurzes, heftiges Zusammentreffen mit der Leiterin des Goethe-Instituts Jerusalem, Frau L., die nachträglich so tut, als habe sie nicht gewusst, dass ich in ihren Räumen auftrete. Die Veranstaltung sei ohne ihre Kenntnis durch Dr. D. von Hamburg aus ‚mit einer Mitarbeiterin‘ vereinbart worden. ‚Ich weiß natürlich, wer Sie sind‘, sagt sie und wirft mir einen vernichtenden Blick zu. Zuerst wirkt sie nur neurotisch und zänkisch, doch allmählich beschleicht mich das Gefühl, sie hätte wirklich Angst. Wovor? Muss sie sich irgendwo verantworten, weil ich, offenbar im Goethe-Institut persona non grata, ihre Räume betreten habe? Schon die dritte Leiterin dieser vom Auswärtigen Amt unterhaltenen Einrichtung, die ich kennenlerne, alle drei unfähig zu einem vernünftigen Dialog. Seltsame Personalpolitik."*

Mochte ich nun im Goethe-Institut Unperson sein, so sandte uns diese Einrichtung dennoch regelmäßig Referenten ans Deutsche Studienzentrum der Ben-Gurion-Universität in Beer Sheva. Da ich zu den Gründern des Zentrums gehöre, wurde ich gelegentlich gebeten, solche Veranstaltungen zu leiten und auf diese Weise doch wieder mit einer Einrichtung, die mich eigentlich in Bann getan hatte, zu kooperieren. *Humanitatem nobis.*

Die Gäste waren deutsche Akademiker oder Autoren, die das Goethe-Institut nach Israel eingeladen hatte und die sich alle Mühe gaben, dieser Ehre gerecht zu werden. So auch Esther Dischereit, eine wenig bekannte jüdische Schriftstellerin aus Heppenheim an der Bergstraße, die seit 1993 immer wieder „*Lese- und Vortragsreisen auf Einladung verschiedener Goethe-Institute in die USA, nach Medellin/Kolumbien und in europäische Länder*" absolviert, wie die biografische Notiz verhieß. In Beer Sheva in der Wüste Negev gibt es nur ein winziges deutschsprachiges Publikum, wir sind froh, wenn – neben einer Handvoll Universitätsmitarbeiter – zehn Zuhörer zu einer solchen Kulturveranstaltung erscheinen. Zu unserer Überraschung begann Esther ihre angekündigte Lesung experimenteller Prosa mit einer politischen Tirade gegen die Politik Israels im Nahen Osten.

Und während wir uns ihre zwar wenig sachkundige, doch emotional geladene Kritik an unserem Land anhörten, überkam mich wieder, wie schon bei Frau L., der Leiterin des Jerusalemer Goethe-Instituts, der Eindruck einer Pflichtübung. Gehören solche Bekundungen zu den Bonus-Punkten, wenn man vom Goethe-Institut als Mitarbeiter eingestellt oder als Referent eingeladen werden will? Ist das gemeint, wenn sich das Goethe-Institut, wie es auf seiner Website erklärt, für „wirksame und glaubwürdige Verständigungsprozesse" in Israel einsetzt? Auf das kleine universitäre Publikum in Beer Sheva hatte die politische Belehrung eher gegenteilige Wirkung. Eine ältere Dozentin, aus der früheren Sowjetunion eingewandert, äußerte ihr Befremden, statt der angekündigten literarischen Texte eine Verurteilung Israels vorgesetzt zu bekommen. Sie mokierte sich darüber, wie ungeschickt diese Art deutsche Regierungspropaganda hier in der Negev-Wüste wirke.

Für mich wurde Esthers Auftritt zum unerwarteten Impuls. Bis dahin überwogen meine Hemmungen, mich als im Ausland lebender Autor kritisch zur deutschen Politik zu äußern. Es erschien mir wie ungebetene Einmischung in die Angelegenheiten eines Landes, in dem ich nicht mehr lebe. Doch während ich Esther Dischereits wie bestellt wirkender Agitprop-Rede zuhörte, schmolzen diese Skrupel dahin. Ich habe bald darauf begonnen, in den wenigen regierungskritischen Medien in Deutschland, auf der *Achse des Guten* oder in der *Jüdischen Rundschau*, zu veröffentlichen und mich mit deutlichen Worten in die Affären meines fernen Geburtslandes einzumischen. Was sich das Goethe-Institut herausnimmt, kann man mir nicht verwehren.

Das Goethe-Institut wird inzwischen vom Simon-Wiesenthal-Center zu den weltweit auffälligsten antisemitischen Einrichtungen gezählt. Eine Einstufung, die viele für übertrieben halten. Eine solche Geldverteilungsanlage hat natürlich zahlreiche Fürsprecher, auch einige jüdische. Ist das vom deutschen Auswärtigen Amt bezahlte Goethe-Institut tatsächlich judenfeindlich? Aus meiner Erfahrung muss ich bestätigen, dass es israelfeindlich ist, auf eine ganz selbstverständliche, verinnerlichte Weise. Die heiß diskutierte Frage, ob eine Ablehnung Israels „automatisch" judenfeindlich ist, kann hier nur gestreift werden. Wenn ich in Betracht ziehe, dass der Staat Israel das Rückgrat der kleinen, weltweit verstreuten jüdischen Minderheit ist, gibt es für mich wenig Zweifel.

Die deutsche Linke ist dem sozial motivierten Judenhass ihrer verehrten Gründerväter wie Marx und Kautsky treu geblieben. Gehörten die Juden früher zu den Inspiratoren und Ausbeutern des Kapitalismus, sind sie heute die Unterdrücker eines gedachten Palästinenser-Proletariats. Wenn Johannes Ebert, gegenwärtiger Generalsekretär des Goethe-Instituts, mit Boykott-Bewegungen gegen Israel sympathisiert und ihren Vertretern seine millionenschwere Einrichtung zur Verfügung stellt, liegt er ganz in der Tradition der ihn prägenden Ideologie. Er ist seit dreißig Jahren Mitarbeiter des Goethe-Instituts und kann eine Kreatur dieser Einrichtung genannt werden. Aus Mitgefühl mit den deutschen Steuerzahlern, die für 200 bis 250 Millionen Euro Jahresbudget aufkommen müssen, sei hier mein wichtigster Einwand gegen das Goethe-Institut genannt: dass es plump und dilettantisch vorgeht, auf gestrige, bereits gescheiterte Konzepte setzt und Deutschlands Ansehen schadet. Insofern ist es ein typischer Vertreter derzeitiger deutscher Politik.

# Brauchen die deutschen Juden einen Zentralrat?

28. September 2021

Immer wenn ich nach Deutschland komme, werde ich auf den „Zentralrat der Juden" angesprochen. Von Juden und anderen Deutschen, die fast täglich von ihm in den Zeitungen lesen. Denn dieses Gremium macht sich ständig in der Tagespolitik bemerkbar, und das immer im Sinne der politisch-korrekten Linie der Bundesregierung. Zuletzt durch Erklärungen, welche Parteien man wählen dürfe und welche nicht. Solche Auftritte gehören nicht zu den Aufgaben eines jüdischen Verwaltungsgremiums. Und sie sind, taktisch gesehen, ein Fehler. Sie provozieren Fragen, was diese Einrichtung eigentlich soll, was sie bedeutet, wer sie unterhält und wozu.

Schon der Name steht heute für ein antiquiertes, zentralistisches Programm. Der „Zentralrat der Juden in Deutschland", gegründet 1950, war als Übergangslösung gedacht, um im fast „judenreinen" Nachkriegs-Deutschland Juden zu helfen, die Hilfe benötigten: tausende heimatlose und entwurzelte Menschen, meist Überlebende der Konzentrationslager, im damaligen Sprachgebrauch „Displaced Persons" oder „DPs" genannt. Der Zentralrat bot ihnen den institutionellen Rückhalt, um in einer wenig freundlichen Umgebung überleben zu können und ihre Ansprüche auf „Wiedergutmachung" anzumelden. Hier liegt das historische Verdienst des „Zentralrats".

Die meisten der „Displaced Persons" lebten in sogenannten DP-Lagern, wo sie von der UN-Flüchtlingsagentur und jüdischen Organisationen wie dem *Joint Distribution Committee* versorgt wurden. Das letzte dieser Lager, Föhrenwald in Oberbayern, wurde erst 1958 geschlossen. Die in Israel lebende Schriftstellerin Lea Fleischmann hat 2006 in dem Buch „*Meine Sprache wohnt woanders*" ihre Kindheit im Lager Föhrenwald beschrieben. Sie betont darin die oft feindselige Haltung der deutschen Mitbürger und Behörden gegenüber den DPs. Der Judenhass der NS-Zeit war noch längst nicht überwunden, den Restitutions-Ansprüchen der jüdischen Rückkehrer und Einwanderer, die sich entschlossen, in Deutschland zu bleiben, standen die staatlichen Stellen offen oder insgeheim ablehnend gegenüber, und es brauchte eine gut mit der Regierung vernetzte deutsch-jüdische Organisation, um sich in diesem Dickicht zurechtzufinden. Nach Angaben der *New York Times* vom 21. Mai 2019 betrug die Zahl der in den westlichen Besatzungszonen gebliebenen DPs etwa 20.000, die der Überlebenden der deutschen Vorkriegs-Gemeinden etwa 15.000 – die Zahl der westdeutschen Juden insgesamt somit rund 35.000. In der DDR gab es um 1950 etwa 5.000 in sechs Gemeinden organisierte Juden, von denen nach den Schikanen und antizionistischen Kampagnen der kommunistischen Machthaber 1989 weniger als 500 übriggeblieben waren. Also höchstens 40.000 insgesamt, Tendenz fallend.

Insgesamt blieben die deutschen Juden der Nachkriegszeit eine winzige, kaum wahrnehmbare Minderheit. Das änderte sich erst in den 90er Jahren, als zehntausende Juden aus der ehemaligen Sowjetunion einwanderten. Noch einmal fiel dem Zentralrat eine wichtige Aufgabe zu: die Aufnahme dieser Menschen zu koordinieren, sie auf die schon bestehenden und eilig neu gegründeten Gemeinden zu verteilen, fürs Erste ihre finanzielle Sicherung zu übernehmen und bei ihrer Integration in die deutsche Gesellschaft zu assistieren. Doch die Zuwanderer aus dem kommunistischen Osten suchten Selbstständigkeit und westliche Liberalität, nicht neuerliche Gängelung. Zu diesem Zeitpunkt hätte der Zentralrat begreifen müssen, dass er überfordert war. Man hätte Macht abgeben, Zuständigkeiten aufteilen, die Gemeinden zur Emanzipation und Eigenständigkeit ermutigen müssen. Das Gegenteil ist geschehen: Der Zentralrat beharrte auf seinem Monopol, er wurde zum Machtkartell und zur Bedrückung für die jüdischen Gemeinden. Es kam zu jahrelangen, hässlichen Machtkämpfen. Am Ende behauptete sich das alte Zentralrats-System. Um den Preis, dass die eingewanderten Juden aus der ehemaligen Sowjetunion diesem System den Rücken kehrten, in großer Zahl auswanderten oder wenigstens die jüdischen Gemeinden verließen.

Die Bilanz des „Zentralrats" in den vergangenen anderthalb Jahrzehnten ist katastrophal. Die Mitgliederzahl der jüdischen Gemeinden Deutschlands verringerte sich in dieser Zeit auf knapp 96.000. Dabei waren im Jahrzehnt davor 219.000 Juden aus der früheren Sowjetunion in Deutschland eingetroffen. Dieses enorme Potenzial, diese Möglichkeit, eine vitale, zukunftsträchtige, zahlenstarke jüdische Gemeinschaft heranwachsen zu lassen, hat der „Zentralrat" vertan. Und die Zahlen sinken weiter. Jahr für Jahr treten Menschen in vierstelliger Zahl aus den ohnehin geschwächten Gemeinden aus. Hinzu kommt, dass die Demografie innerhalb dieser Gemeinden deprimierend ist, rund die Hälfte ihrer Mitglieder ist nach neueren demographischen Untersuchungen (etwa des Londoner *Institute für Jewish Policy Research* von 2019) über 65 Jahre alt. Dagegen nur zehn Prozent unter 15 – es gibt also noch 9.600 jüdische Kinder in Deutschland, eine fast hoffnungslos stimmende Zahl. Wenn man die runde Million in Deutschland lebender muslimischer Kinder und Jugendlichen in Betracht zieht, kann man sich das Dasein dieser wenigen jungen Juden auf Schulhöfen und im öffentlichen Raum Deutschlands gut vorstellen.

Dem „Zentralrat" ist es also nicht oder nur schlecht gelungen, die Kontinuität jüdischen Lebens in Deutschland zu bewahren. Das allein, die bedrückende Lage der jüdischen Kinder zwischen Sich-Verstecken, Polizeischutz und neuerlichem Opfer-Dasein, wäre Grund genug, die Auflösung des „Zentralrats" zu fordern. Doch als unabhängiger, selbstständig denkender Jude muss ich ein Gremium, das sich „Zentralrat der Juden" nennt, ohnehin infrage stellen. Judentum beruht auf Vielfalt, nicht auf Gleichschaltung. In der Verschiedenheit, in den Kontroversen, hebräisch *machloket*, liegt die Kreativität, die Vitalität dieses unsterblichen Volkes – das heutige Israel ist das beste Beispiel dafür. Dagegen suggeriert das Wort „Zentralrat" einen Anspruch auf Alleinstellung und Alleinvertretung, der im Judentum seit dem letzten amtierenden Hohepriester vor fast zweitausend Jahren nicht mehr gegeben ist. Gleiches gilt für das Recht, für „die Juden in Deutschland" zu sprechen. Es ist schlicht und einfach Anmaßung. Josef Schuster und Kompagnons sind nicht die Sprecher der Juden in Deutschland, sondern von der Bundesregierung bezahlte Funktionäre zum Vortäuschen eines aktiven jüdischen Lebens, das sie selbst unterdrücken. Sie haben die Rolle der Sadduzäer zu Tempelzeiten übernommen, denen Nähe zur Macht über die Belange ihrer Landsleute ging.

Schon lange hindert der „Zentralrat" das deutsche Judentum an seiner Entfaltung und Entwicklung, indem er durch seine selbstgerechte und autoritäre Attitüde gerade kreative und junge Menschen abschreckt und unterdrückt. Kritische Meinungen werden nicht geduldet. Was trägt der „Zentralrat", was tragen die von ihm gelenkten Gemeindefunktionäre bei zum öffentlichen Diskurs in Deutschland, außer brav zu repetieren, was ihnen die Bundesregierung vorgibt? Verstehen sie sich als Teil von deren Propagandaapparat? Die Funktionäre des „Zentralrats" berufen sich bei ihrer peinlichen Anschmiegsamkeit an die Regierung auf ein Prinzip des jüdischen Religionsgesetzes, *dina d'malchuta dina*, aramäisch „das Gesetz des Staates ist das (für uns Juden verbindliche) Gesetz", womit die Rabbiner auf eines der aus antiken Zeiten überlieferten antijüdischen Ressentiments antworteten – das der angeblichen Illoyalität gegenüber dem Land ihrer jeweiligen Diaspora. Doch Gesetzestreue gegenüber dem Staat, in dem man lebt, bedeutet nicht Unterwerfung unter dessen zeitweilige Regierung.

Angela Merkel ließ den „Zentralrat" sechzehn Jahre lang nach ihrer Pfeife tanzen. Während ihrer viel zu langen Kanzlerschaft bot dieses Gremium das jammervolle Bild eines von Gnaden der Obrigkeit gebrauchten und oft missbrauchten Instruments staatlicher Machterhaltung. Mit jüdischer Interessenvertretung hatte das nicht mehr viel zu tun. Es sei denn, man verstünde diese rein merkantil. Denn der einzige nachweisbare Erfolg des Gremiums dürfte sein, dass seine jährliche Alimentierung durch die Bundesregierung auf dreizehn Millionen Euro angehoben wurde, womit es im Umgang mit den Gemeinden über ein erhebliches Druckmittel verfügt. Dieses Geld sollte besser den Gemeinden oder Landesverbänden selbst zugehen, die, was ihre Nöte und Notwendigkeiten betrifft, weitaus kompetenter sind als der mit Intrigen und Machtfragen beschäftigte „Zentralrat" in Berlin. Aus fataler Abhängigkeit und Schwäche hat sich der „Zentralrat" in den vergangenen Jahren dem Gebot der Bundesregierung unterworfen, das für die deutschen Juden derzeit größte Problem zu verschweigen, die Bedrohung durch islamischen Terror. Auf der Veranstaltung zum 70. Jahrestag seiner Gründung im vergangenen Jahr hätten die Funktionäre Gelegenheit gehabt, im Beisein der Kanzlerin und führender Politiker des Landes die prekäre Lage ihrer Gemeinden anzusprechen, stattdessen folgten sie servil dem Narrativ der Bundesregierung, Gefahr für die deutschen Juden ginge vor allem, wenn nicht ausschließlich, von Rechtsextremen aus. Eine Behauptung, der alle unter deutschen Juden vorgenommenen Umfragen widersprechen.

Das jüdische Leben in Deutschland müsste sofort dezentralisiert werden, damit es autonom und selbstständig werden kann. Mit der ständigen Bevormundung und Unterdrückung durch den „Zentralrat" muss es ein Ende haben, am besten, indem man dieses überflüssig gewordene Gremium auflöst, das sich mit allen Mitteln schnöder Machtpolitik zu halten versucht, von Drohungen mit Geldentzug bis zu *cancel culture* und Schreibverbot in seinem Zentralorgan, der *Jüdischen Allgemeinen Wochenzeitung*. Die deutschen jüdischen Gemeinden müssen auf eigene Verantwortung handeln, nicht unter dem Diktat eines „Zentralrats", dem es mehr um seine eigenen Interessen geht als um die der Juden an der Basis. Da die meisten deutschen Gemeinden arm sind und staatlicher Unterstützung bedürfen (zum Beispiel ständigen Polizeischutzes), sollten sie direkt mit den lokalen Behörden kooperieren, mit Stadträten, Bürgermeistern und der Landesregierung ihres jeweiligen Bundeslandes.

Angela Merkels Regierung in Berlin, der bisherige Geldgeber und Ansprechpartner, hat sich für die deutschen Juden – um die scheidende Kanzlerin selbst zu zitieren – als „nicht hilfreich" erwiesen. Umso weniger ein „Zentralrat", der den Interessen der Juden in Deutschland eher schadet als nützt.

# Die Karawane zieht nicht weiter

Der naive und gefährliche Umgang mit muslimischer Einwanderung und dem Terror im Namen des Islam

# Wie der deutsche Medienbetrieb sich bei Sarrazin bloßstellt

8. Oktober 2018

Mit der Veröffentlichung seines neuen Buches *Feindliche Übernahme* erweist sich Thilo Sarrazin als bleibendes Ärgernis. Sein schieres Sein und Wirken stellt – sozusagen als Nebenwirkung – den deutschen Medienbetrieb bloß, den Politikbetrieb, die missbrauchte „Öffentlichkeit" eines mit dem Abbau des Geistigen beschäftigten Landes. Sarrazin trifft eine fast irrationale Wut. Dabei tut er nichts anderes, als Bücher zu schreiben.

Seine bisher letzte Studie gilt dem Islam. Von dem er meint, wie der Untertitel des Buches ankündigt, dass er *„den Fortschritt behindert und die Gesellschaft bedroht"*. Dabei interessiert den Volkswirtschaftler Sarrazin besonders, ob die insuffiziente Wirtschaft muslimischer Länder, ihr gegen Null gehender Beitrag zu den Kultur- und Wissenschaftsleistungen der modernen Menschheit – ein Phänomen, das auch immer wieder von kritischen Muslimen beklagt wird – möglicherweise mit der Grundprägung dieser Gesellschaften durch die Religion des Islam zu tun hat. Er liest also dessen elementare religiöse Schrift, den Koran, vor allem unter einem sozialwissenschaftlichen, ökonomischen, sogar verwaltungstechnischen Aspekt.

Seit die deutsche Bundeskanzlerin Sarrazins erstes Buch abgeurteilt hat (erklärtermaßen, ohne es zu lesen), ist es eine sichere, die eigene Karriere fördernde Übung für deutsche Journalisten und Rezensenten, den unbequemen Einzelgänger zu attackieren. Schon am Tag der Veröffentlichung des Buches, dem 30. August 2018, eiferten die von großen Medien Beauftragten darum, Sarrazin abzutun.

Unter den ersten war die Rezensentin der *Zeit*, Johanna Pink, eine deutsche Professorin für Orientalistik. Es kann nicht wirklich überraschen, wenn Islamwissenschaftler, oft bis zur Lähmung jedes kritischen Gedankens in ihr Forschungsgebiet verliebt, das Buch von Sarrazin ablehnen, schon weil es das Buch eines Außenstehenden ist. Frau Professor Pink und viele ihrer Kollegen haben längst den anmaßenden, demokratiefeindlichen

Ansatz islamischer Theologen verinnerlicht, nur Fachgelehrte dürften sich mit den heiligen Schriften des Islam beschäftigen. Eine der vielen restriktiven Besonderheiten dieser Religion, die sie wesentlich von anderen unterscheidet, etwa von der jüdischen oder protestantischen, die ihre Anhänger ausdrücklich – und vor allem die Laien – zur eigenständigen Lektüre und exegetischen Interpretation der Grundlagentexte ermutigen.

Frau Pinks Rezension beginnt mit der tadelnden Erwähnung der vielen Fehler, die Sarrazins Buch enthielte, doch sie verzichtet – bis auf ein einziges Beispiel, das wahrscheinlich ein schlichter Schreib- oder Druckfehler ist – auf Belege. Sie tut es durch Flucht in den negativen Konjunktiv: *„das Unterfangen, auch nur die schwerwiegenderen Ungereimtheiten erschöpfend aufzulisten, wäre im Rahmen einer Zeitungsrezension aussichtslos"*. So ist es um die meisten Behauptungen dieser Besprechung bestellt: Ihr Beweis wird aus „Platzmangel" nicht erbracht.

Raum genug bleibt aber für die Apologetik einer durch die Jahrhunderte blühenden islamischen Kultur. Angeblich habe Sarrazin in seinem Buch die großen Kulturleistungen des Islam verleugnet. Als Beispiel für diese führt Frau Pink ausgerechnet *„die ungemein reichhaltige Tradition der arabischen Dichtung"* ins Feld, als hätte nicht der Islam selbst, mit Mohammed beginnend, eben diese Dichtung immer wieder verurteilt und bekämpft. Die arabische Dichtkunst hat so gut wie nichts mit dem Islam zu tun. Sie ist viel älter, ihre Wurzeln reichen tiefer, sie ist autochthon und nicht epigonal wie der überwiegend aus biblischem Stoff zusammengeklaubte Koran, und die islamische Theologie hat alles versucht, sie zu unterdrücken. Der Prediger des Koran hat die großen Poeten der frühen arabischen Dichtung, etwa die Verfasser der berühmten Sammlung Al-Muallaqat, als *„vom Satan Heimgesuchte"* bezeichnet (Koran, Sure 26, Vers 221) und damit über Jahrhunderte den Ton gesetzt für die religiös-islamische Haltung gegenüber freier Dichtkunst und Literatur.

Sarrazin geht es in seinem Buch auch weniger um islamische Beiträge zur Kulturgeschichte als zur Gegenwart, zur Moderne. Gerade die arabische Dichtung ist ein Beispiel dafür, wie auf dem Koran basierender islamischer Traditionalismus bis ins 20. Jahrhundert neue Entwicklungen behindert und die Dichtkunst ins Uralt-Muster der Kasside gepresst hat.

Frau Pinks Plädoyer für Kulturleistungen, die dem Islam zum Trotz, nicht durch ihn erbracht wurden, bestätigt in Wahrheit Sarrazins Thesen. Nur kann Frau Pink nicht zwischen Kultur und repressivem Glaubenssystem differenzieren, für sie ist alles „Islam", was aus islamischen Ländern kommt.

Daraus spricht Verachtung gegenüber den dort lebenden Menschen, die unter eine Religion subsumiert werden, die viele von ihnen infrage stellen. Frau Pinks Polemik verleugnet das eigentliche Problem, die tiefe innere Widersprüchlichkeit islamischer Gesellschaften. Wie wenn man Solschenizyns Romane oder Vaclav Havels Theaterstücke als Kulturleistungen des Marxismus gedeutet hätte, weil sie in kommunistischen Ländern geschrieben wurden. Die arrogante Attitüde der Fachwissenschaftlerin hat im Leserforum der *Zeit*, eines dünkelhaften, um Volksbelehrung bemühten Blattes, die Zustimmung vieler Gleichgesinnter erfahren, in Wahrheit bleibt ihr Text argumentativ jammervoll.

Am gleichen Tag versuchte Rainer Hermann in seiner *„Haarsträubendes zum Islam"* überschriebenen Besprechung in der *Frankfurter Allgemeinen Zeitung*, einige „Fehler" und „Ungereimtheiten" des Sarrazinschen Buches immerhin zu benennen. Hermann ist langjähriger Wirtschaftsredakteur und Abu-Dhabi-Korrespondent dieses Mediums, ein versierter Fürsprecher deutscher Wirtschaftsinteressen in islamischen Ländern. *„Der Faktencheck fällt nicht günstig aus"*, beginnt er. („Faktencheck" ist ein beliebtes Wort in diesen Zirkeln angemaßter Allwissenheit.) *„Mit Jahreszahlen nimmt es Sarrazin nicht genau (etwa bei der Eroberung von Bagdad durch die Mongolen), nicht mit der Geographie (Sudan ist nicht Teil des Maghreb) und auch nicht mit Übersetzungen. Sarrazin schreibt Namen und Vornamen falsch, verwechselt Aleviten und Alawiten, bringt Laizismus und Säkularismus durcheinander."*

Doch selbst diese Fehler – träfen sie wirklich zu – rechtfertigen nicht die durch Hermann vorgenommene Stigmatisierung von Sarrazins Buch als *„Kampfschrift"* oder seine die Wahrheit verdrehende Behauptung, auch mit dieser Publikation werde *„Sarrazin wieder Angst verbreiten und dennoch auf Resonanz stoßen"* – als wäre es das *Buch*, das Angst verbreitet, nicht die im Bewusstsein vieler Europäer längst angekommene Gefahr islamischen Terrors und unkontrollierter Einwanderung.

Sarrazin, der Rainer Hermann (auf die Firma *FAZ* vertrauend?) offenbar nicht für einen schreibenden Lobbyisten, sondern für einen seriösen Islam- und Nahostkenner hielt, machte sich die Mühe, ihm in einem ausführlichen Leserbrief zu widersprechen. Er wies nach, dass Hermann ihn unsauber zitiert. So habe er, Sarrazin, keineswegs behauptet, der Sudan gehöre zum Maghreb. Doch selbst wenn, finde ich, es änderte nichts am Wahrheitsgehalt seines Buches. Hermanns Taktik ist lächerlich und leicht durchschaubar: ein paar unklare terminologische Fragen („Maghreb" ist schließlich nur ein verabredeter Begriff), fragliche Transkriptionen arabischer Namen oder marginale Ungenauigkeiten als Legitimation ins Feld zu führen, um die eigentlichen Aussagen des Buches zu ignorieren.

Die von Hermann vorgenommene Abwertung des Buches als „Kampfschrift" findet sich – sei es Einfallslosigkeit der Schreiber oder vorab ausgegebene Parole – am gleichen Tag, dem 30. August, in der Ankündigung eines Interviews mit Sarrazin im Magazin *stern*. Dieses Interview, geführt von Arno Luik, erweist sich nicht nur als Tiefpunkt der Sarrazin-Rezeption der Leitmedien, sondern des zeitgenössischen deutschen Journalismus überhaupt. *„Bekannt geworden ist Luik für seine intensive Art des Interviews",* behauptet Wikipedia, doch im Gespräch mit Sarrazin erschöpft sich der Intensiv-Interviewer in billigen Provokationen, Sticheleien und Gehässigkeiten. Wo er offen zu lügen versucht, geht Sarrazin frontal dazwischen. *„Ich würde sagen, Sie beuten Vorurteile aus, Sie bauen Vorurteile auf",* stichelt Luik, vorsichtshalber in der Ich-Form und im Konjunktiv. Worauf Sarrazin antwortet, ein wenig humorlos, doch zutreffend: *„Das ist eine böswillige Unterstellung."* Nach solchen Repliken weicht Luik aus und versucht es woanders mit ähnlich haltlosen Anwürfen. So geht es über fünf Druckseiten des *stern*. In der Sache weiß Luik nichts gegen das Buch vorzubringen.

Mit verleumderischen Attributen arbeitet auch Anna Sauerbrey im *Tagesspiegel*. Das Buch sei *„verletzend, grenz-rassistisch und manipulativ",* heißt es schon in der Überschrift. „Grenz-rassistisch" – eine geniale Wortbildung im Sinne genialer Demagogie. Denn grenz-rassistisch ist noch nicht rassistisch, man hat also vermieden, Sarrazin lügenhaft des „Rassismus" zu bezichtigen und dennoch das tödliche Wort geschickt ins Spiel gebracht. Dabei beschäftigt sich Sarrazins Buch mit dem Islam, einer Religion oder Weltanschauung, nicht mit einer Rasse. Ist es für deutsche Rezensenten zu schwer zu begreifen, dass Religion nicht Rasse ist und Religions- oder Islamkritik etwas vollständig anderes als „Rassismus"?

Zentrales Argument von Frau Sauerbrey ist Sarrazins angebliche „Einseitigkeit" und Fehlinterpretation bekannter internationaler Statistiken: *„Wie einseitig Sarrazins Lesart ist, kann man in den Studien nachlesen, die er selbst zitiert, zum Beispiel ‚The Future of the Global Muslim Population', eine Studie des renommierten US-Umfrageinstituts Pew Research Center von 2011."* Aus der Studie ginge hervor, dass die von Sarrazin gefürchtete demographische Katastrophe Europas nicht stattfinden werde, weil die Geburtenrate islamischer Länder neuerdings regressiv sei.

In der Tat steht eines der Kapitel der zitierten Studie des Pew Centers unter der Überschrift *„Growing, But at a Slower Rate"* und stellt fest: *„The rate of growth among Muslims has been slowing in recent decades and is likely to continue to decline over the next 20 years."* Innerhalb der nächsten zwanzig Jahre soll also ein allmählicher Rückgang der Geburtenrate erfolgen, doch bis dahin werden – weitere Schwäche der europäischen Politik angenommen – noch viele Muslime ins offene Europa einwandern und noch mehr in Europa geboren werden – wo übrigens das Pew Center keinen Rückgang der muslimischen Wachstumsrate prognostiziert –, sodass Sarrazins Befürchtungen für weitere Deformation der kulturellen und politischen Landschaft Europas durchaus realistisch sind. Und selbst wenn es zuträfe, dass die Zunahme in Zukunft etwas langsamer vonstatten ginge, wäre es kaum ein Trost. Denn sie bleibt, wie die gleiche Studie des Pew Center feststellt, nach wie vor vergleichsweise hoch. Außerdem ist längst, wie man so schön sagt, das Kind in den Brunnen gefallen: Europa hat bereits jetzt eine unbekömmlich hohe, stark wachsende, die Werte der westlichen Demokratien bedrohende muslimische Population.

Mehrfach in den Rezensionen wird Sarrazin vorgeworfen, dass er sich, ohne durch seine Ausbildung dazu befugt zu sein, an den Text des Heiligen Koran exegetisch heranwagt. Doch welche Qualifikation befähigt die Rezensenten, um beurteilen zu können, ob Sarrazin in seiner Exegese irrt? Frau Pink verwechselt Islam mit arabischer Dichtkunst. Rainer Hermann unterschiebt Zitate. Arno Luik vermag nicht ein einziges Argument vorzubringen, nur rhetorische Finten. Frau Sauerbrey „hat Mittlere und Neuere Geschichte, Politik und Publizistik in Mainz und Bordeaux studiert" (wie ein Papier der Bundeszentrale für Politische Bildung mitteilt, wo sie offenbar als Referentin antritt), doch – bei allem Respekt – vom Islam versteht sie nichts.

Angesichts der Zerrüttung der politischen Landschaft Deutschlands hat ein Buch wie das von Sarrazin wenig Aussicht auf eine sachliche und faire Beurteilung. Die Verfasser der Angriffe verstehen sich weniger als Rezensenten denn als Kämpfer in den Grabenkämpfen zwischen politischen Fraktionen. Störende Argumente werden, ehe man sie genauer zur Kenntnis genommen hat, als „wenig hilfreich", „rassistisch" oder „hetzerisch" abqualifiziert und aussortiert. Eine diffizile Art der Debatte hat das deutsche Feuilleton nie gelernt. Abweichende Meinungen gelten nicht als Anregung zur Diskussion, sondern als feindlicher Akt.

Thilo Sarrazin ist ein Mann der Finanzwelt, ein Rechner und Statistik-Fan. Was ich alles nicht bin. Doch ich kann sein Denken, seine logischen Konklusionen, seine Rechenexempel nachvollziehen. Mir steht nicht Ignoranz oder Gruppeninteresse im Weg, um persönlichen Respekt zu empfinden vor der ungeheuren Mühe, der sich der Volkswirtschaftler Sarrazin in diesem Buch unterzogen hat. Allein das Sondieren des kaum überschaubaren Zahlenmaterials, die Sichtung der zahlreichen Quellen, die komplette Lektüre des Koran, noch dazu in der wenig angenehmen Übersetzung des bekennenden Antisemiten Rudi Paret, die – bezeichnend genug – vielen deutschen Islamwissenschaftlern als die „maßgebliche" gilt.

Wenn man, wie in unserer numerisch orientierten Welt üblich, Statistiken als überzeugendes Argument in Betracht zieht, sind einige von Sarrazins Zahlenvergleichen schlechterdings erschütternd. Wie etwa in dieser Passage aus seinem Buch:

*„In Deutschland gab es im März 2017 rund 51 600 Strafgefangene, davon 30,1 Prozent Ausländer. Der Ausländeranteil an den Strafgefangenen ist damit rund dreimal so hoch wie der Ausländeranteil an der Bevölkerung, der Ende 2015 10,5 Prozent betrug (...) Für Nordrhein-Westfalen wird ein Anteil der Muslime von 22 Prozent an den Strafgefangenen angegeben. In Berlin wird der Anteil*

*der Muslime an den Gefängnisinsassen auf rund ein Drittel geschätzt. In Frankreich sind etwa 60 Prozent aller Gefangenen Muslime. In den Niederlanden sind es 20 Prozent der erwachsenen und 26 Prozent der jugendlichen Strafgefangenen (...) In allen Fällen übersteigt der Anteil muslimischer Strafgefangener den sonstigen Bevölkerungsanteil bei Weitem."*

Was ließe sich gegen die Wirkungsmacht solcher Zahlen, samt und sonders mit Quellen belegt, vorbringen? (Noch dazu, wenn man in Rechnung stellt, wie viele von Muslimen begangene Straftaten aus allen möglichen Gründen unbestraft bleiben.) Die versuchte Diskreditierung des Autors hat bei mir und hunderttausend anderen Lesern wenig Eindruck hinterlassen. Ich bleibe bei meiner spontan beim Lesen des Buches entstandenen Einschätzung, es handle sich um eines der intelligentesten Bücher zum Thema Islam und Moderne. Sarrazins Analyse der Inkompatibilität des traditionellen Islam mit der westlichen Welt von heute ergibt ein nach den Parametern der Vernunft gedachtes und geschriebenes Buch, dem größte Verbreitung zu wünschen ist.

# Der masochistische Reflex
18. März 2019

Nach dem Massaker von Christchurch in Neuseeland beginnt im fernen Deutschland die Maschinerie der Schuldzuweisungen zu arbeiten. Es geht darum, aus dem feigen Anschlag eines uns allen unbekannten, tausende Kilometer fernen, bisher gleichgültigen Menschen eine Affäre zu machen, die „uns alle betrifft".

„Die Tat von Christchurch", schreibt etwa Andreas Ross in der *Frankfurter Allgemeinen Zeitung*, „*ist kein Verbrechen in einem fernen Land, das nichts mit uns zu tun hat: In allen westlichen Gesellschaften gedeiht die Islamfeindlichkeit. Das hat auch viel mit Stimmungsmache von Politikern zu tun.*" Kurz gesagt: Schuld ist nicht ein einzelner, offenbar psychisch gestörter Mensch, sondern der Westen an sich, seine überall gedeihende „Islamfeindlichkeit". Soweit der übliche masochistische Reflex, den wir zur Genüge kennen. Gefährlicher wird es in einem Land, in dem – wie heute in Deutschland – die politische Denunziation eine neue Blütezeit erlebt.

Ross beginnt auch gleich Namen zu nennen, die in Zusammenhang mit dem Massaker genannt werden müssen, allen voran natürlich Donald Trump, nicht unbedingt als dafür Verantwortlicher, doch als jemand, der „*einen gefährlichen Diskurs legimitiert*", dann folgen weitere, und in Tagen, in denen wieder Schwarze Listen angelegt werden, in denen sich Menschen dafür entschuldigen müssen, weil sie an einer privaten Geburtstagsfeier teilgenommen haben, auf der auch ein Rechtsradikaler gesehen wurde, in denen das Wort „rechts" zunehmend inflationär in Gebrauch ist und das Stigmatisieren von Unbotmäßigen, Unkorrekten erneut zu einem verbissenen Gesellschaftsspiel wird, in solchen Tagen ist das Nennen von Namen nicht mehr so harmlos, wie es tut. Und auch nicht mehr so harmlos gemeint.

Trotz der wohltemperierten Sprache, die sich Andreas Ross in der *Frankfurter Allgemeinen* auferlegt, lässt sich der Eindruck nicht vermeiden: Solche Artikel dienen der Einschüchterung. Man setzt auf die Angst davor, auf die Schwarze Liste zu geraten, für „rechtsradikal" erklärt zu werden, für „islamophob" oder „rassistisch". Solche Zuschreibungen können Folgen haben, spürbare Nachteile in Beruf und Existenz, in unserer gesellschaftlichen Situation und – wie sich neuerdings zeigt – auch in der privaten.

Der Reflex wird durch ständiges Wiederholen dressiert. Und solche Dressuren haben psychische Nachwirkungen. Ich habe deshalb beschlossen, mich lieber der endgültigen Anschwärzung meines Namens auszusetzen als der unwürdigen Unterwerfung. Auch nach dem Massaker von Christchurch werde ich den Islam kritisieren, denn das eine hat mit dem anderen nichts zu tun. Dort ein stupider Gewaltakt, wie er dümmer und abstoßender nicht vorstellbar ist, hier die intellektuelle Auseinandersetzung mit einer Weltanschauung, ihrem Schrifttum, ihrem nach meinem Gefühl vorsintflutlichen Frauenbild, ihrer gefährlichen Verquickung von religiöser Botschaft und Gewalt. Mich damit kritisch und öffentlich auseinanderzusetzen, meine Gedanken darüber zu äußern, ist mein verbrieftes Recht als denkender Mensch in einem westlichen Land, das ich mir von niemandem nehmen lasse – weder von einem Massenmörder in Neuseeland noch von einer deutschen Zeitung.

# Was ist eigentlich „rechts"? Der Islam ist rechts

28. Juni 2019

Wer heute in Deutschland als modern, fortschrittlich, weltoffen gelten will, widmet sich dem „Kampf gegen rechts". Er wird täglich als allgemeine Parole ausgerufen, damit wir nicht vergessen, den inneren Feind auszuspähen und zu bekämpfen. *„Der Verfassungsschutzbericht zeigt klar, wo die größte Gefahr für unsere Demokratie ist"*, ließ dieser Tage die Genossin Dreyer, Co-Parteivorsitzende der SPD, verbreiten: *„Der Feind steht rechts"*.

Bei solchen Feststellungen darf es nicht bleiben, sie müssen in Aktivitäten übergehen, in Anklagen, Ausgrenzungen, juristische Maßnahmen. Aus Steuergeldern alimentierte Einrichtungen wie die Amadeu Antonio Stiftung in Berlin und ähnliche Erziehungsvereine nehmen ihre Existenzberechtigung aus dem „Kampf gegen rechts". Die „demokratischen Kräfte" haben sich zu einer neuen „Nationalen Front" zusammengeschlossen, um „rechte Gesinnungen" zu bekämpfen. Doch was ist damit gemeint? Was ist „rechts"? Wie wird dieser Begriff eigentlich definiert?

Die Internet-Enzyklopädie Wikipedia und die gedruckten Lexika erklären: *„Als politische Rechte wird ein Teil des politischen Spektrums bezeichnet. Die Rechte geht von einer Verschiedenheit der Menschen aus und befürwortet oder akzeptiert daher eine gesellschaftliche Hierarchie. Ungleichheit wird deshalb von der politischen Rechten als unausweichlich, natürlich, normal und wünschenswert betrachtet. Hier ist zu unterscheiden zwischen der klassischen Rechten, welche die Ungleichheit durch Erbfolge und Familientradition gerechtfertigt sieht, und der liberalen Rechten, welche Ungleichheit nur dann für gerechtfertigt hält, wenn sie das Resultat eines fairen Wettbewerbs ohne Vorteilsweitergabe an Nachfahren ist."*

Wer die religiösen Grundlagentexte des Islam einigermaßen kennt, sieht auf den ersten Blick, dass die aufgeführten Charakteristika der „klassischen Rechten" haargenau auf diese Texte zutreffen. Auf das, was auch für viele Muslime in Deutschland als Basis ihrer Weltanschauung verbindlich ist: Koran, Hadithe und Scharia. Diese Schriften betonen, dass Menschen durch Gottes Willen, also von Natur, ungleichwertig sind, daher das gesellschaftliche Leben auf einer vorherbestimmten Hierarchie beruht: Im Koran gibt es Menschen erster Klasse, die gläubigen muslimischen Männer, und niedere, entsprechend rechtlosere Klassen wie Frauen, dhimmi und „Ungläubige".

Aussagen über deren Rechtlosigkeit gehen so weit, dass sie getötet werden dürfen – wegen der bloßen „Versuchung", die sie für die Menschen erster Klasse, die „Gläubigen" bedeuten (Sure 2, Vers 191). Frauen gelten nicht als juristische Person, bei Ungehorsam sollen sie gezüchtigt werden (Sure 4, Vers 34). Fremdenfeindlichkeit ist eine der Grundlagen des Koran, der Hadithe und der islamischen Gesetzestexte. Gegenüber „Ungläubigen" gilt keinerlei Toleranz. Sie sollen geschlagen oder getötet, wenigstens unterworfen und versklavt, im günstigsten Fall zu Schutzgeldzahlungen gezwungen werden. Der Islam ist per definitionem eine klassisch rechte Ideologie.

Ich spare mir weitere Beispiele für das zutiefst reaktionäre Menschenbild und Gesellschaftsmodell des Koran, seine Frauenverachtung, seinen Fremdenhass, seine ausgeklügelten Formen von Unterdrückung und Ausbeutung, seine Verherrlichung des Krieges und jeder anderen Form von Gewalt. Ich habe, wie andere Kenner dieses Schrifttums, in den letzten zehn Jahren ausführlich darüber publiziert. Doch mit wenig Wirkung. Denn seltsamerweise wird diese rechte Ideologie von den selbst akklamierten „Kämpfern gegen rechts" großzügig toleriert.

Und nicht nur das: Sie rufen unermüdlich dazu auf, für das reaktionäre Welt- und Menschenbild des Islam Verständnis zu entwickeln, es sogar in die westliche Gesellschaft zu „integrieren". Sie schicken deutsche, französische und niederländische Schulklassen in Moscheen und Koranschulen, damit sie möglichst früh mit dieser inhumanen Gesinnung in Berührung kommen.

Eine staatlich gut finanzierte Propaganda-Industrie bemüht sich darum, die menschenfeindlichen, misogynen, xenophoben und judenhasserischen Aussagen der islamischen Grundlagenschriften zu beschönigen, zu vertuschen und zu leugnen. Und uns einzureden, der Islam sei etwas anderes als eine im klassischen Sinne rechtsradikale Gesinnung.

Deshalb wird der „Kampf gegen rechts" in Deutschland scheitern. Er basiert auf einer Lüge. Man kann nicht die eine „Rechte" bekämpfen und die andere lieben. Man kann nicht erfolgreich gegen Neonazis vorgehen und zugleich muslimische Extremisten und Kriminelle dulden. Im Gegenteil: Lässt man die arabischen Clans in den Städten regieren, züchtet man Neonazis. Daher meine Voraussage: Solange in Deutschland die staatsoffizielle Heuchelei gegenüber dem Islam anhält, solange wird auch die Neonazi-Szene weiter wachsen. Und damit die Gewalt von beiden Seiten. Und der „Kampf gegen rechts" bleibt billige Propaganda, ein Instrument zur Einschüchterung der eigenen Bevölkerung.

# Die Tage danach. Wie 9/11 eine Welt zum Einsturz brachte

14. September 2019

In unserem kleinen Ort in der Wüste Negev war der 11. September 2001 ein strahlend schöner Tag. Die Luft klar und trocken, man konnte weit ins Land sehen, bis nach Jordanien, zu den rötlichen Hügeln des biblischen Moab. Da wir keinen Fernseher und kein Radio im Haus hatten und das Internet noch in seinen Anfängen steckte, erfuhren wir erst am späten Nachmittag vom Anschlag auf die Twin Towers in New York. Unser Sohn rief an, aus der Stadt, und fragte, ob wir „davon gehört" hätten. Nein, wir hatten nichts gehört.

Ich schrieb in jenen Tagen an einem Roman, der im Rom des ersten Jahrhunderts spielte, und war an Tagespolitik nicht übermäßig interessiert. Und dann lebten wir schon seit längerem mit dem Terror. Notgedrungen. In Israel tobte seit einem Jahr die zweite Intifada, mit ständigen Anschlägen auf Busse, Bahnhöfe, Straßencafés. Allein im Vormonat, im August 2001, hatte es elf Terroranschläge mit dreißig Toten gegeben, darunter das Selbstmordattentat auf die Pizzeria Sbarro in Jerusalem, bei dem neben zehn weiteren Opfern fünf Mitglieder einer holländischen Familie getötet wurden, die Eltern, der vierjährige Sohn und zwei Töchter im Alter von vierzehn und zwei Jahren. Das war damals unser Alltag.

Zwei Tage vor dem Anschlag in New York tötete ein Selbstmordattentäter auf dem Bahnhof Nahariya vier Menschen und verletzte weitere 94. Am gleichen Tag, dem 9. September, wurden zwei Juden an der Kreuzung zur Westbank-Siedlung Adam erschossen. Am 10. September waren dann, wie gewohnt, die Gesichter der Opfer des Vortages auf den Titelseiten der Zeitungen zu sehen, junge Gesichter zumeist. Und schon am Tag nach dem New Yorker Anschlag, dem 12. September, gab es in Israel die nächsten Terror-Toten, dann am 15., am 20., am 24., am 26. September und so weiter. Die Opfer des 11. September waren zu zahlreich, um in einer Zeitung abgebildet zu werden, insofern hatte der islamische Terror an diesem Tag eine neue Dimension erreicht. Die ungeheuerliche Zahl der zunächst namenlosen Toten machte den New Yorker Anschlag, zumal aus großer Entfernung, zu einem vergleichsweise unpersönlichen Ereignis.

Es sei denn, man hörte vor Ort in New York – wie Oriana Fallaci wenige Tage später im *Corriere della Sera* beschrieb – die Detonationen, sah Menschen aus den Fenstern der Hochhäuser fallen und kurz darauf die apokalyptischen Staubwolken der kollabierenden Gebäude. Für ihren leidenschaftlichen Text wurde Fallaci sehr schnell von den deutschen Medien verurteilt, der *Spiegel* behauptete, sie führe einen *„Kreuzzug"*, ihre Sprache sei *„derb, vulgär und beleidigend"*. Ich las ihren Artikel im italienischen Original und fand Fallacis Sprache deutlich, gelegentlich drastisch und ohne Spur von Vulgarität. Sie sagte eine islamische Unterwanderung Europas voraus, was damals den meisten europäischen Intellektuellen absurd schien. Eine Medienberichterstattung beständiger Verdrehung, Verfälschung, Verleumdung deutete sich an, die sich in den kommenden zwei Jahrzehnten zu voller Blüte entfalten sollte.

Die Besserwisserei deutscher Medien traf neben Israel nun auch die Nahostpolitik der Vereinigten Staaten. Man hielt an dem Mantra fest, die Ursache des Terrors sei in westlicher Schuld, verfehlter Politik, mangelnder Hilfe für die Spätopfer des Kolonialismus zu suchen. Ich verabschiedete mich damals endgültig von diesem Denkmuster. In den vergangenen Monaten hatte ich mich intensiv mit früher arabischer Literatur beschäftigt, in Zusammenhang mit einem Forschungsprojekt an der Universität, und allmählich begriffen, dass die Probleme mit unseren arabischen Nachbarn ihre Ursache nicht in Israels verfehlter Politik hatten, nicht im Siedlungsbau, auch nicht in der westlichen Schuld am Kolonialismus, sondern im Islam selbst, der in seiner Grundlagenschrift, dem Heiligen Koran, seinen Anhängern das Ausmerzen der „Ungläubigen" gebietet. Wonach sich zwar immer nur eine fanatische, „fromme" Minderheit richtet, doch diese Minderheit reicht aus, um den Rest der Welt zu terrorisieren.

Am 11. September gingen wir bei einsetzender Dämmerung spazieren. Der Blick über die in goldenes Abendlicht getauchte Wüste ließ trotz unseres Entsetzens keine Depression aufkommen. Die deutschen Studenten unseres Sommer-Kurses schienen ähnlich zu empfinden. Ich erfuhr per Telefon vom Kurs-Assistenten, sie würden aus Deutschland von besorgten Eltern mit E-Mails und Anrufen „bombardiert", sofort nach Hause zu fliegen, in ein sicheres Land, doch bisher hätte es keine „wilden Abreisen" gegeben, im Gegenteil: unerwartete Verbrüderungen mit den Studenten des gleichzeitig laufenden amerikanischen Kurses. Man sitze abends zusammen beim Bier. Die beiden Gruppen waren in den vergangenen Jahren eher kühl miteinander umgegangen, viele der zumeist jüdischen Amerikaner hatten zunächst ein Problem damit, dass es plötzlich deutsche Studenten an unserer Uni gab.

Die solidarische Haltung der Studenten reflektierte jedoch nicht die Stimmung der deutschen Politik und der Medien. Hier in der Ferne entgingen mir die infamen Reaktionen, die offene Schadenfreude in deutschen Talkshows, die antiamerikanischen Gehässigkeiten der Zeitungen. Doch Anrufer aus Deutschland, die unter der Stimmung litten, erzählten mir, der Komponist Stockhausen habe die Anschläge des 11. September als *„das größte Kunstwerk"* aller Zeiten bezeichnet, der Modedesigner Joop seiner Genugtuung darüber Ausdruck verliehen, *„dass das Symbol der Twin Towers nicht mehr steht, weil sie kapitalistische Arroganz symbolisieren."* Von so offenherzigen Äußerungen nahmen die meisten deutschen Politiker Abstand, die deutsch-amerikanische Allianz war ihnen damals wenigstens noch ein Lippenbekenntnis wert.

Doch als Präsident George W. Bush – seinerzeit für deutsche Medien eine ähnliche Hassfigur wie heute Donald Trump – eine „Allianz gegen den Terror" ausrief, erklärten zwar die Regierungen Großbritanniens und Italiens ihre Unterstützung, nicht aber Deutschland und Frankreich. In meinem Tagebuch findet sich unter dem 15. September 2001 der Eintrag: *„Wagte im Gespräch mit S. die spontane Voraussage, die Nordatlantische Allianz USA-Europa könne an diesem Konflikt zerbrechen."* Die von der Regierung Schröder riskierte radikale Verschlechterung der transatlantischen Beziehungen schien mir außerdem, wie ich wenige Tage später ins Tagebuch schrieb, der Anfang vom Ende der Europäischen Union, *„weil die EU ohne NATO nicht überleben kann und die NATO ganz vom guten Willen der Amerikaner abhängt."*

Auffallend war, wie sich in den kommenden Monaten der Ton in führenden amerikanischen Medien gegenüber dem bislang treuen Alliierten Deutschland änderte. Januar 2003 las ich im Nachrichtenmagazin *Time* über die Haltung der führenden europäischen Mächte Deutschland und Frankreich: „*The West is being divided by selfish interests of France and Germany.*" Deutschland, hieß es, werde mit seiner anti-amerikanischen Politik das europäische Projekt ruinieren: „*Germany (...) dragging all Europe into its ruin.*" Anfang Februar 2004 schrieb Kolumnist Charles Krauthammer in einem Essay über den Wandel der Beziehungen Amerikas zu Deutschland und Frankreich: „*These countries are not U.S. allies. It is sheer laziness now that counts France and Germany as old allies (...) The post-war alliance that once structured the world is dead.*" In den Monaten nach dem 11. September erlitten die deutsch-amerikanischen Beziehungen einen Schaden, der sich – vertieft durch verfehlte Außenpolitik der folgenden deutschen Regierungen, vor allem unter SPD-Ministern – als irreparabel erwies. Für Deutschland die katastrophalste Auswirkung dieses Anschlags, dessen Bedeutung man im Land der Klimahysterie noch immer nicht wirklich verstanden hat.

Vieles änderte sich nach dem 11. September. Die seit langem üblichen israelischen Flughafenkontrollen, bisher von vielen unserer europäischen Freunde für „übertrieben", wenn nicht „paranoid" angesehen, wurden weltweiter Standard. Israel baute einen elektronisch gesicherten Grenzzaun, stellenweise eine Betonmauer, viel geschmäht, inzwischen von vielen, auch europäischen Staaten nachgeahmt. Dadurch ging bei uns die Zahl der Terroropfer um neunzig Prozent gegenüber der Zeit der offenen Grenzen zurück. In Israel hatte die Periode der ständigen schweren Terroranschläge insgesamt eine Stärkung der Gesellschaft zur Folge, einen Solidarisierungseffekt, der die zerstrittenen Fraktionen einander näherbrachte. Vielleicht ist es naiv, doch ich wünschte mir eine ähnliche Wirkung für das Land meiner Geburt.

## Pathologische Toleranz
12. Oktober 2019

Am Freitag, dem 4. Oktober versuchte ein Syrer in Berlin, mit gezücktem Messer in eine Synagoge einzudringen. Um keine Zweifel an seiner Absicht zu lassen, rief er sowohl den mittlerweile aus Dutzenden Terrorattacken bekannten Schlachtruf *Allahu akhbar* als auch *Fuck Israel* – für die deutsche Justiz kein Grund, den Mann in Haft zu nehmen. „*Nun ist er auf freiem Fuß, unauffindbar – und gewaltbereit*", schrieb Filipp Piatov in der *Bild*-Zeitung, der einzigen deutschen Tageszeitung, die noch wagt, den Kern des Problems zu benennen. „*Denn was für jeden Bürger mit gesundem Menschenverstand nach einem versuchten antisemitischen Terrorangriff aussieht, ist für Berliner Behörden leider kein Haftgrund.*"

Vier Tage später versuchte ein Deutscher, in die glücklicherweise fest verrammelte Synagoge in Halle einzudringen und erschoss, da seine Sprengkörper nicht funktionierten, zwei völlig Unbeteiligte auf offener Straße. Beide, sowohl der Syrer als auch der Deutsche, hatten sich Tage ausgesucht, an denen in den selten besuchten deutschen Synagogen mit Sicherheit betende Juden, also potenzielle Opfer anzutreffen waren: Freitag, 4. Oktober Beginn des Shabat, Mittwoch, 9. Oktober Jom Kippur, der jüdische Versöhnungstag.

Dabei illustriert dieses Doppelereignis, diese prompte Aufeinanderfolge zweier Attacken gegen Juden in Deutschland auf beispielhafte Weise, wie die pathologische Toleranz von deutschen Politikern, Justiz und Medien gegenüber dem muslimischen Judenhass auch jeden anderen Judenhass in Deutschland ermutigt. Was junge Muslime seit Jahren ungestraft tun dürfen, beanspruchen auch junge Neonazis für sich. Dass es deutschen Judenhass gibt und seit Jahrhunderten gab, bestreitet kein historisch kundiger Mensch. Doch seine Wiederbelebung verdankt sich der deutschen Schwäche gegenüber dem Judenhass der ins Land geholten Muslime. Angela Merkel hat die Kohorten der Judenhasser an einem einzigen Tag um mehrere hunderttausend Menschen verstärkt. Wie rücksichtslos das war, wie gefährlich gerade in Deutschland, hat Karl Lagerfeld kurz vor seinem Tod ausgesprochen: „*Wir können nicht, selbst wenn Jahrzehnte zwischen den beiden Ereignissen liegen, Millionen Juden töten und Millionen ihrer schlimmsten Feinde ins Land holen.*"

Heute wachsen deutsche Kinder auf Schulhöfen auf, in denen „Jude" das verächtlichste Schimpfwort ist, mit dem ihre muslimischen Mitschüler operieren. Dagegen geht niemand mehr vor, es wird hingenommen, aus Furcht und Gleichgültigkeit, und alle „Dialogreihen" und Broschüren gegen Antisemitismus werden dieses Muster in jungen deutschen Köpfen nicht mehr korrigieren: dass Juden verächtliche Wesen sind, zu Recht zum Opfer ausersehen, erst als Mobbing-Opfer in deutschen Schulen, dann auf Straßen, Plätzen und Bahnhöfen, in Synagogen, Restaurants und überall im öffentlichen Raum.

„*Die Juden sind schuld*", soll der geistig unterbelichtete Attentäter von Halle in seinem Bekennervideo ausgerufen haben. Und auch dieses Argument war seit Jahrzehnten – über den Umweg Israel – bei deutschen Politikern und Medien in Gebrauch: Juden und Israel sind schuld am Scheitern des „Weltfriedens", an den Raketen aus Gaza, an der katastrophalen Korruption und Misswirtschaft der Palästinenserführung, sogar an ihrem durch Verschwendung erzeugten Wassermangel, wie ein gleichfalls unterbelichteter deutscher Politiker, Martin Schulz, in aller Dreistigkeit vor Israels Parlament behauptet hat.

Der Vorsitzende der jüdischen Gemeinde Halle sagte in einem Interview mit einer israelischen Zeitung, aus Sicht der Opfer sei es gleichgültig, ob der Attentäter ein Nazi, ein Linksradikaler oder ein Muslim sei, Bedeutung habe nur, ob man endlich etwas gegen den Judenhass tut. Die regierenden deutschen Politiker trifft die volle Verantwortung für das, was derzeit geschieht: die allmähliche Verwandlung Deutschlands in ein für Juden unbewohnbares Land. Und wir teilen diese Verantwortung, wenn wir sie davonkommen lassen, mit billigen Betroffenheitsbekundungen wie bisher.

## Frankfurter Polizei ermittelt gegen beschimpfte Jüdin
25. September 2020

Ana Agre, eine junge israelische Musikerin, lebt seit einiger Zeit in Deutschland, um hier zu arbeiten. Am 1. Juli 2020 stieß sie in der Nähe ihres Hauses auf eine Anti-Israel-Demonstration, veranstaltet von der pro-palästinensischen Organisation Samidoun. Sie ging hoch in ihre Wohnung, holte eine Israel-Fahne und stellte sich mit dieser auf den Platz, über den der Demonstrationszug der jungen Muslime und ihrer deutschen Sympathisanten zog. Wie auf dem Video, das eine Freundin aufnahm, zu sehen ist, war es nicht mal eine besonders große Fahne, etwa von der Größe eines Küchenhandtuchs.

Ana Agre gab weiter keine Statements ab, brüllte nicht, sprach nicht (schon weil sie kein Deutsch spricht, sondern „nur" Englisch, Hebräisch und Russisch), dennoch fühlten sich die Demonstranten offenbar von ihr angegriffen, vielleicht auch in ihrer „Würde" beleidigt – „Würde" ist, wie man auf ihrer Website lesen kann, eine der Grundforderungen der arabischen Bewegung *Samidoun*. Mehrere der marschierenden Gruppen näherten sich Ana und belegten sie mit Sprüchen, darunter auch „Nazis raus!" In den Köpfen dieser jungen Muslime und sympathisierenden Deutschen ist eine israelische Fahne offenbar ein Nazi-Symbol.

Ein Frankfurter Polizist sprach Ana Agre auf Englisch an, nahm ihre Personalien auf und legte ihr nahe, den Platz zu verlassen, weil ihr Auftritt die jungen Muslime provoziere. Ana ließ sich offenbar auf eine englische Diskussion mit dem Polizisten ein, die dieser schließlich mit einem Platzverweis beendete. Als sie wissen wollte, warum sie hier in Frankfurt ihre Israel-Fahne nicht zeigen dürfe, soll der Beamte geantwortet haben: *„Because I don't like it."* (*„Weil mir das nicht gefällt."*)

Ana zog sich schließlich zurück, wie polizeilich angeordnet, und glaubte, die Sache habe damit ein Ende. Weit gefehlt. Wenige Tage später flatterte ihr ein Schriftstück ins Haus, eine polizeiliche Vorladung der Kriminaldirektion Frankfurt wegen „Beleidigung gemäß Paragraph 185

Strafgesetzbuch" für den 7. Oktober 2020. Das Schriftstück mit dem Aktenzeichen ST 0697601/2020, gezeichnet von Polizei-Hauptkommissar J. Schmidt, endet mit dem Hinweis: *„Sollten Sie zu Ihrer Vernehmung/Anhörung nicht erscheinen oder nicht rechtzeitig Hinderungsgründe benennen, wird davon ausgegangen, dass Sie bei der Polizei keine Angaben machen wollen. Der Vorgang wird dann an die zuständige Verfolgungsbehörde abgegeben (…)"*

Ana Agre droht also „Verfolgung", weil sie in Frankfurt am Main eine Israel-Fahne gezeigt hat. Wie selbstverständlich nimmt die Polizei die Seite der muslimischen Demonstranten und ihrer linken deutschen Unterstützerszene ein. Was wäre geschehen, hätten nicht sie, sondern Rechtsradikale die junge Israelin angebrüllt und beleidigt? Dann wäre der Vorfall selbstverständlich als „antisemitisch" eingestuft und in die Statistik der „rechtsradikalen antisemitischen Straftaten" aufgenommen worden. So entfällt der „Antisemitismus"-Vorwurf (obwohl das Geschehene durchaus so interpretierbar wäre: eine Jüdin wurde als „Nazi" beschimpft, eine Israel-Fahne als Nazi-Symbol bezeichnet) und die Straftat wird der Jüdin zugeschoben. Deutschland im Jahre des Herrn 2020 unter der Herrschaft der Kanzlerin Angela Merkel.

Auf diesen Text reagierte das Frankfurter Polizeipräsidium am 28.9.2020 mit einer Presseerklärung, in der zu lesen war: *„Derzeit kursieren in den Sozialen Medien Darstellungen, in denen der Ausgangssachverhalt und die polizeilichen Maßnahmen anders und falsch dargestellt werden."* Angeblich habe Ana Agre eine Teilnehmerin der Kundgebung beleidigt: *„Während des Abbaus (…) am Ort der Abschlusskundgebung erschien dort eine 50-jährige Frau und schwenkte die Flagge Israels in Richtung der Versammlungsteilnehmer, die sich noch vor Ort aufhielten. Einer 29-jährigen Versammlungsteilnehmerin streckte sie den Mittelfinger entgegen."*

Die Jüdische Gemeinde Frankfurt folgte in einer am gleichen Tag veröffentlichten Erklärung der Darstellung der Polizei: *„Zurzeit erreichen uns Meldungen (u. a. von der Website* Die Achse des Guten) *von einem angeblich antisemitischen Vorfall während einer Demonstration am 1. Juli in Frankfurt (…) Der erläuterte Sachverhalt der Polizei gibt eindeutige Klärung und sollte nun zur Beruhigung beitragen. Denn: Es gab weder eine Anzeige aus antisemitischen Gründen seitens der Polizei noch antisemitische Rufe während der Demonstration. Es handelt sich lediglich um eine Anzeige einer Privatperson, die sich aufgrund einer Geste der besagten Dame persönlich beleidigt fühlte und dies zur Anzeige brachte. Die Polizei FFM versicherte uns, dass der dargestellte Sachverhalt daher nicht der Wahrheit entspricht."*

Am 28. respektive 29. September 2020 widmeten sich die beiden Frankfurter Leitmedien *Frankfurter Allgemeine Zeitung* und *Frankfurter Rundschau* dem Vorfall und teilten mit, dass sich die Frankfurter Polizei derzeit gegen einen unberechtigten „Antisemitismus-Vorwurf" beziehungsweise gegen einen „Shitstorm" zur Wehr setzen müsse. In beiden Artikeln wurde mein Name nicht genannt, doch die *Frankfurter Rundschau* schrieb zu meiner Kennzeichnung: „*[W]es Geistes Kind der ‚Achse des Guten'-Autor ist, offenbart er selbst in Nebensätzen*". (Welchen?) Die Glaubwürdigkeit des Autors sei schon deshalb fragwürdig, weil sein „*Text vor allem in rechtsradikalen Portalen wie ‚jouwatch' gefällige Resonanzkörper*" fand. Zudem beziehe die „*Frankfurter Polizei jetzt Stellung und zeichnet ein gänzlich anderes Bild*". Trotz aller dementierenden Darstellungen durch Polizei, Medien und Jüdische Gemeinde wurde jedoch von einer weiteren Vorladung und Verfolgung Ana Agres abgesehen. Nach ihrer Darstellung hatte in Wahrheit die Anzeige erstattende Demonstrantin ihr gegenüber die beleidigende Geste und Bemerkung gemacht. Auf der *Achse des Guten* veröffentlichte Marcus Ermler am 5.10. 2020 unter dem Titel „*Lässt Frankfurt eine beschimpfte Jüdin im Stich?*" einen guten Überblick über all diese Veröffentlichungen.

Als etwa drei Wochen nach Erscheinen meines Achgut-Artikels über Ana Agre und den verschiedenen Dementis ein antisemitischer Anschlag auf die Synagoge in Hamburg-Eimsbüttel verübt und ein jüdischer Gottesdienstbesucher schwer verletzt wurde, veröffentlichte ich am 9. Oktober 2020 einen zweiten Artikel auf Achgut, der den Fall Ana Agre und seine versuchte Leugnung in diesen Kontext setzte.

# Stich ins Wespennest
9. Oktober 2020

Wenn ich in Deutschland auf Lesereise bin, besuche ich Synagogen in großen und kleinen Städten, in München, Frankfurt, Leipzig oder Saarbrücken, und immer steht ein Polizeiwagen vor der Tür mit zwei Beamten, Symbol staatlicher Fürsorge für eine gefährdete Spezies. Seine bloße Anwesenheit soll signalisieren, dass diese Gebäude und ihre Besucher beschützt sind und jeder potenzielle Gewalttäter unschädlich gemacht wird.

In Hamburg-Eimsbüttel, am zweiten Tag des Sukkot-Festes 2020, hat diese Signalwirkung offenbar nicht funktioniert. Der in Deutschland eingebürgerte Kasache Grigorij K. schlug trotz der unweit stationierten Polizisten einen jüdischen Studenten mit einem Spaten nieder, fügte ihm eine schwere Kopfverletzung zu und wurde erst danach von herbeieilenden „Objektschützern" überwältigt. In der üblichen vorsichtigen Ausdrucksweise, um ja nicht in den Verdacht der Kritik staatlicher Institutionen zu geraten, deutet der Zentralrat der Juden in seinem Statement an, der Polizeischutz sei offenbar nicht sehr effektiv, wenn die Überwältigung eines Täters erst *nach* verübter Tat erfolge, wodurch zwar dem Staat das Bewusstsein erfüllter Pflicht gegeben, den Opfern aber nicht die Verletzung oder gar der Tod erspart wird.

Beim Anblick der Polizisten, die Tag und Nacht, bei Wind und Wetter vor deutschen Synagogen Wache schieben müssen, habe ich oft Mitleid gespürt, einmal mit den Juden in diesem Land, die dauernde Bewachung nötig haben, zum anderen mit den Polizeibeamten. Man kann verstehen, wenn sie sich ins Innere ihrer Fahrzeuge zurückziehen, wo sie gegen Wind und Nässe geschützt sind. Das mindert allerdings ihre Wirkung, falls es zu schnellen Attacken gegen Juden kommt, wie nicht erst der Anschlag von Hamburg gezeigt hat, sondern schon der vor einem Jahr von einem Syrer verübte Blitzüberfall auf das Centrum Judaicum in Berlin oder wenige Tage später der Anschlag eines bewaffneten Neonazis auf die Synagoge in Halle. (Daher fordert der Zentralrat der Juden *„mehr Schutz für jüdische Einrichtungen"*, wie der Berliner *Tagesspiegel* meldete.)

Der Hamburger Anschlag war nicht der einzige antisemitische Vorfall dieses Tages in Deutschland. *„Am Tag des Mordversuchs in Hamburg"*, schrieb Frederik Schindler in der Tageszeitung *Die Welt*, *„wurde auf einer linken Demonstration in Frankfurt, deren Teilnehmer die Aufnahme von Migranten aus dem abgebrannten griechischen Lager Moria forderten, zur Vernichtung Israels aufgerufen. ‚From the river to the sea, Palestine will be free' (Vom Jordan bis zum Mittelmeer, Palästina wird frei sein) schallte es durch die Straßen."* Gegen diesen Aufruf zum Massenmord an Juden schritt die Polizei nicht ein, er stellt in den Augen deutscher Grüner und Sozialdemokraten ohnehin kaum ein anstößiges Verhalten dar.

Die genannten Vorfälle zeigen, dass die deutsche Polizei bisher keine wirksamen Strategien zum Schutz der zunehmend bedrohten Juden ihres Landes entwickelt hat. Aus meiner laienhaften Sicht schiene es klüger, wenn sich die Beamten in den zwei, drei Stunden, während derer sich die Synagogenbesucher zum Gottesdienst treffen (dessen Zeitpunkt lange vorher bekannt ist), direkt vor dem Eingang zur Synagoge postierten. Hinterher können sie sich wieder in ihr Auto setzen. Der Anschlag von Halle, Yom Kippur 2019, machte deutlich, dass auch die Hintereingänge jüdischer Einrichtungen bewacht werden müssen. Solche einfachen Vorkehrungen könnten manchen Zwischenfall verhindern. Auch private Sicherheitsdienste sind längst üblich geworden, meist rekrutieren sie junge Israelis, die in Deutschland studieren und durch ihren Wehrdienst Erfahrung mit Terrorabwehr haben. Sie sichern in der Regel die Gebäude selbst, während die deutsche Polizei für die Kontrolle des Außenbereichs zuständig ist.

Die Aktion der Musikerin Ana Agre, die von mir auf *Achgut.com* thematisiert wurde, war ein „Stich ins Wespennest". Sie traf den wunden Punkt einer grundsätzlichen Schwäche der deutschen Polizei gegenüber gewaltbereiten, aggressiven Muslimen und deren Anhängern. Dahinter stehen Angst vor negativen Medienberichten und ernüchternde Erlebnisse mit wankelmütigen Politikern und einer Justiz, die der Polizei nicht selten in den Rücken fällt. Eine so eingeschüchterte Polizei beschlagnahmt lieber Israel-Fahnen und schafft störende Juden vom Platz, als den wahren Feinden von Demokratie und Rechtsstaat zu wehren. Begreiflich, dass die

Polizeidirektion Frankfurt, als diese Schande (durch Veröffentlichung auf *Achgut.com* und in der *Jerusalem Post*) publik wurde, in Eile Gegendarstellungen ins Netz twitterte. Darin wurde behauptet, der geschilderte Vorfall sei nicht antisemitisch, sondern ein Fall von „Beleidigung" muslimischer Demonstranten durch die anwesende Jüdin. Marcus Ermler hat die verschiedenen Statements kürzlich auf *Achgut.com* vorgestellt.

Die offiziellen Vertreter der jüdischen Gemeinde Frankfurt wählten den Weg des Opportunismus, indem sie sich auf die Seite der Frankfurter Polizeidirektion stellten, deren Protektion sie weiterhin nötig haben (naiverweise wurde dieser Grund am Ende der Erklärung des Gemeindevorstands offen angegeben) und dafür eins ihrer Mitglieder, die einsame Flaggenträgerin Ana Agre, verleugneten. Hier stellt sich die grundsätzliche Frage, ob ein Jüdischer Gemeindevorstand die Priorität seines Wirkens in möglichst guten Beziehungen zur staatlichen Obrigkeit sieht oder im Schutz der ihm anvertrauten Mitglieder.

Eine dubiose Rolle spielte Sacha Stawsky, ein Frankfurter Geschäftsmann, der sich im letzten Jahrzehnt mit Hilfe seiner Website *Honestly Concerned* und durch das Organisieren spektakulärer, wenngleich weitgehend wirkungsloser Kongresse als Pro-Israel-Aktivist inszeniert hat. Doch als es darauf ankam, eine Israelin, die im Wortsinn „Flagge zeigte", zu schützen, schlug er sich lieber auf die Seite der Gemeinde-Oberen und der Frankfurter Polizei. Die ahnungslose Ana hatte sich zunächst an Stawsky um Hilfe gewandt, da er in der Frankfurt Gemeinde offenbar als großer Unterstützer Israels gilt:

*„I was very upset and confused because I had never dealt with the police and could not understand what I was accused of",* schrieb sie später in einer E-Mail. *„There were no details or explanations in the letter from the police, only the accusation of insult. I thought that Sasha (Stawsky) would be able to help me somehow, but I could not imagine that he could take the side of the police and start writing articles in which there are many lies."* („Ich war entsetzt und verwirrt, denn ich hatte noch nie mit der Polizei zu tun und konnte nicht verstehen, wessen ich eigentlich beschuldigt wurde. Die Vorladung der Polizei enthielt keine Einzelheiten oder Erklärungen, nur die Anklage der Beleidigung. Ich dachte, Sascha wäre in der Lage, mir irgendwie zu helfen, doch ich konnte mir

*nicht vorstellen, dass er die Seite der Polizei nehmen und Artikel über mich schreiben könnte, die so viele Lügen enthalten."*)

Der Anschlag von Hamburg-Eimsbüttel und der Fall Agre in Frankfurt beweisen erneut, dass der Judenhass im heutigen Deutschland zum größten Teil importiert ist. Der aus muslimischen Ländern eingeschleppte, dort religiös begründete Judenhass ist der große Schandfleck der „Integrationspolitik" der Regierung Merkel. Und zugleich ihr Lackmustest: Solange er so öffentlich, so dreist, so ungehindert in Erscheinung tritt, kann von gelungener „Integration" keine Rede sein. Populärer Judenhass ist nur zu bändigen, indem ihm der Staat offen und unmissverständlich entgegentritt. Und zwar nicht in Feierstunden an Judengräbern oder in den Programmen der „Antisemitismus-Beauftragten", sondern dort, wo es drauf ankommt: an der Basis, auf der Straße, auf den Schulhöfen.

Die Frankfurter Polizei verhielt sich im Fall Ana Agre ungeschickt, um nicht zu sagen: dumm. Das hier offenbarte Konzept, die einzeln protestierende Jüdin mit der Israel-Fahne des Platzes zu verweisen, um einer Konfrontation mit den von der Polizei gefürchteten muslimischen Demonstranten zu entgehen, offenbart den Kern der deutschen Misere von heute. Es dient sicher nicht, wie vorgegeben, dem „Schutz jüdischen Lebens in Deutschland", sondern dem Mundtotmachen der angeblich Beschützten. Ganz und gar abwegig, vor dem Hintergrund deutscher Geschichte sogar abgründig ist die nachfolgende Bestrafung der Jüdin durch Vorladung und Drohung mit der „Verfolgungsbehörde".

Vor einigen Wochen habe ich in einem Artikel für *Achgut.com* Deutschland eine starke Polizei gewünscht, doch ich meinte eine, die wirklich stark ist, nicht nur so tut, die den Attentäter möglichst vor der Tat unschädlich macht und die einzelne Jüdin in Frankfurt, die sich einer antisemitischen Meute entgegenstellt, dafür gebührend beschützt. Und nicht zur Problemvermeidung des Platzes verweist und hinterher noch mit Anzeigen verfolgt. Ich kenne Ana Agre nicht persönlich, doch ich bewundere ihren Mut. Mögen viele Menschen ihrem Beispiel folgen, Juden und Deutsche, um die Übernahme der Straßen, des öffentlichen Raums durch aggressive, anmaßende Gruppen zu verhindern, die weitere Einschüchterung unerwünschter Meinungen, die Islamisierung der Schulhöfe und Universitäten.

Müssen wir uns um Ana Agre Sorgen machen, was mögliche Ausgrenzung, womöglich Mobbing-Versuche gegen sie und ihren noch zur Schule gehenden Sohn betrifft, auch durch die Jüdische Gemeinde Frankfurt, die sich so bereitwillig auf die Seite der Macht gestellt hat? Die Frankfurter Gemeinde ist zu Beginn dieser Woche über sich hinausgewachsen, als sie gegen die linke Moria-Demonstration protestierte, auf der Rufe zur Vernichtung des jüdischen Staates laut wurden:

*„Der Vorstand der Jüdischen Gemeinde Frankfurt kritisierte am Montag die Vorfälle bei der Kundgebung vom Wochenende scharf"*, schrieb die *Jüdische Allgemeine Wochenzeitung* am 5.10.2020. *„Leider erleben wir nicht das erste Mal, dass hier bei uns in Frankfurt Demonstrationen stattfinden, auf denen israelfeindliche Parolen skandiert und zur Gewalt gegen den jüdischen Staat aufgerufen wird (...) Spätestens bei solchen Rufgesängen hätte die Polizei die Demonstration auflösen müssen."*

Damit gibt man Ana Agre nachträglich recht, was ihren einsamen Protest gegen einen ähnlichen Aufmarsch betraf. Vielleicht hat man in der Jüdischen Gemeinde Frankfurt inzwischen etwas begriffen.

Die Karawane zieht nicht weiter

# Europa wird seine Kirchen bewachen müssen
30. Oktober 2020

Der französische Präsident Macron, gedacht als gut frisiertes Maskottchen einer sorglosen europäischen Vorzeigenation, muss dieser Tage viel im eigenen Land herumreisen und Trauerreden halten. Sie sind der Pietät geschuldet, doch offenbar bewirken sie nichts. Vermutlich wäre auch der Mord an einem Geschichtslehrer nahe Paris – nach einigen pompösen Veranstaltungen – dem bei dieser Art Anschläge verabredeten Vergessen anheimgefallen, hätte nicht wenige Tage später das Massaker in einer Kirche in Nizza erneut auf das Problem aufmerksam gemacht.

„Ein Mann", wie es so schön in politischer korrekter Mediensprache heißt, stürmte am Donnerstagmorgen in die Kirche Notre-Dame de l'Assomption im Zentrum von Nizza, rief den seit anderthalb Jahrtausenden bekannten Schlachtruf der Muslime, *Allahu Akbar*, schnitt einer 70-jährigen Frau den Kopf ab, tötete den Küster und eine weitere Frau, fügte noch sechs anderen Betenden schwere Verletzungen zu und wurde „anschließend" von der Polizei überwältigt. Er war, nach einem Hinweis der *Frankfurter Allgemeinen Zeitung*, nicht der einzige Frankreich heimsuchende Messermann an diesem beliebigen Morgen: *„Nach französischen Medienberichten wurde zudem in Avignon am Vormittag ein mit einem Messer bewaffneter Mann von der Polizei erschossen."* Und es war auch nicht der erste islamische Anschlag in Nizza: Erst am 14. Juli 2016 hatte „ein Mann", der seinen Lastwagen in die Menge auf der Promenade des Anglais steuerte, 86 Menschen getötet.

Wie immer wird in den nächsten Tagen der Chorus der Beschwichtiger einsetzen: Man dürfe nicht verallgemeinern, keinen „Generalverdacht" aussprechen, sonst gehöre man zu denen, die „Rassismus" und „Hass" verbreiten, die „polarisieren" und „stören". Bundeskanzlerin Angela Merkel setzte den Ton: Sie *„zeigte sich tief erschüttert über die grausamen Morde"*, berichtet ihr Hofblatt, *Der Spiegel. „Der französischen Nation gilt in diesen schweren Stunden Deutschlands Solidarität, sagte sie nach Angaben ihres Spre-*

*chers."* Nichtssagender könnte es nicht sein. Das Wort „Islam" hat sie sorgsam vermieden, sogar die relativierende Erfindung „Islamismus". Diese Frau weiß Zeichen zu setzen, indem sie nichts sagt. Die ihr immer noch folgen, an ihre Weitsicht glauben, an ihre Besonnenheit und Intelligenz, haben verstanden, dass Kritik am Islam weiterhin unerwünscht ist. Wie viel entschiedener, Konsequenzen fordernder wäre die Erklärung ausgefallen, hätte ein rechtsextremer Franzose die Morde begangen und dazu „Vive la France!" durch die Kirche gebrüllt.

Dennoch wird es täglich schwerer für die verantwortungslosen Regierenden Europas, ihre generöse Einlass- und Einladungspolitik für gewalttätige, religiös verhetzte junge Männer an die Wähler zu verkaufen. Das Verleumdungskonzept „Islamophobie" ist gescheitert. Es war ein inflationär benutztes Totschlagargument, oft noch gekoppelt mit dem ganz sinnlosen Vorwurf des „Rassismus" für Islamkritiker, dumm im Kern, denn – um es zum hundertsten Mal zu sagen – der Islam ist keine Rasse. Ich bekenne: Ich bleibe dem Islam gegenüber kritisch bis ablehnend, wie immer man mich deswegen tituliert. Weil ich Frauen, Kinder, Homosexuelle und Andersgläubige wie Menschen achte, kann ich nichts anderes sein. Ich kenne den „heiligen Koran" und die Hadithe zu gut, ich weiß, was dort seit rund anderthalb Jahrtausenden geschrieben steht über die Art, wie Christen, Juden und andere „Ungläubige" zu behandeln und zu bestrafen sind. Und ich weiß, dass sich die Mörder von Nizza und anderswo buchstabengetreu, sogar vorbildlich verhalten im Sinne ihrer blutigen Religion.

Denen, die pauschal alle Religionen für intolerant, gefährlich und potenziell gewalttätig halten, sei empfohlen: Lesen Sie in Ruhe und aufmerksam die Grundlagenschriften von Islam, Christen- und Judentum. Dann werden auch Sie begreifen, dass da wesentliche Unterschiede bestehen. Zu den Gewaltorgien des Koran gibt es nichts Vergleichbares im Alten oder Neuen Testament. Die wenigen Gewaltaufrufe der hebräischen Bibel sind historische Überlieferung, nicht mehr existierende Völker betreffend, und daher, so unerfreulich sich diese Stellen lesen, für unsere Zeit gegenstandslos. Während es Christen, Juden, Frauen und andere dem Propheten unliebsame Gruppen immer noch gibt. Folglich das Gewaltgebot gegen sie bis heute besteht.

Solange die Muslime selbst dieses theologische Problem nicht lösen – und nur sie selbst könnten es tun, durch Reformen, moderne Exegese, ernsthaftes Umdenken – bleibt ihre Religion gewalttätig und eine Bedrohung. Die einen praktizieren ihre Religion, indem sie an einem Donnerstagmorgen in ihre Kirche gehen, um dort still zu beten, die anderen, indem sie, *Allahu Akbar* brüllend, über sie herfallen und ihnen den Kopf abschneiden. Ich fürchte, es ist so simpel und brutal, wie es hier steht. Außerdem muss ich wiederholen, was ich schon früher an dieser Stelle schrieb: Europa wird seine Kirchen bewachen müssen wie bisher die Synagogen.

# Ist der Aufruf zum Judenmord in Deutschland noch strafbar?
8. Juli 2021

Eigentlich ist der Aufruf zum Mord an Juden (wie der Aufruf zum Mord an Menschen generell) in westlichen Staaten strafbar und strafrechtlich zu verfolgen. Also auch in Angela Merkels bunter Bundesrepublik. Das funktioniert auch recht gut, wenn ein irgendwie gearteter „Rechter" oder ein ethnisch Deutscher, den man – und sei es rein willkürlich – dieser Menschengruppe zuordnet, die Straftat begeht. Was aber geschieht mit den muslimischen Demonstranten, die im Mai dieses Jahres auf zahlreichen anti-israelischen und anti-jüdischen Kundgebungen den Tod von Juden gefordert haben? Die etwa den in diesen Kreisen beliebten Sprechchor skandierten *„Hamas, Hamas, Juden ins Gas"*?

Ihre Auftritte gehen seit Jahren über die Bühne – folgenlos. Sie sind Selbstbekundung einer neuen Generation, die Deutschland noch viel Freude machen wird. Unmittelbar nach den Demos wies die Lehrergewerkschaft GEW auf den wachsenden Judenhass an deutschen Schulen hin und betonte die Ohnmacht deutscher Lehrer gegenüber muslimischen Schülern, die ihn verbreiten. *„Wenige Tage nach dieser Eskalation",* schreibt *Spiegel Online, „beklagt die Erziehungsgewerkschaft GEW einen wachsenden Antisemitismus auch an Schulen in Deutschland (...) ‚Du Jude' gehöre mittlerweile zu den häufigsten ‚Beleidigungen' auf deutschen Schulhöfen, jüdische Schülerinnen und Schüler würden regelmäßig von Mitschülern angegriffen."* Diese Entwicklung ist seit vielen Jahren bekannt, sie erhielt durch Merkels verfehlte Flüchtlingspolitik neuen Auftrieb und okkupiert immer mehr öffentlichen Raum. Durch ihr dreistes Schweigen zu den Judenmord-Aufrufen, aber auch zur tödlichen Messerattacke eines muslimischen Mannes gegen deutsche Frauen kürzlich in Würzburg, signalisiert die scheidende Kanzlerin – Vorbild für tausende Beamte und Politiker – eine verhängnisvolle Duldsamkeit gegenüber islamischem Terror in jeglicher Form.

Judenhass, judenfeindliche Übergriffe an deutschen Schulen – bisher wurde darüber, wie auf allgemeine Verabredung, vom offiziellen Deutschland kaum ein Wort verloren. Erst seit kurzem, so *Spiegel Online*, *"haben einige Bundesländer wie Baden-Württemberg oder Berlin eine Meldepflicht für antisemitische Vorfälle. Der Antisemitismusbeauftragte der Bundesregierung, Felix Klein, setzt sich für eine entsprechende Pflicht bundesweit ein."* Mit anderen Worten: Bisher wurden Aufrufe zum Judenhass und zur Tötung von Juden an deutschen Schulen nur gelegentlich und mancherorts zur Kenntnis genommen, „bundesweit" eher verschwiegen, und, soweit bekannt, kaum je geahndet. Obwohl die Lehrer sehr gut wissen, von welchen Schülern die judenfeindliche Stimmung ausgeht. Doch dagegen unternehmen konnten oder durften sie so gut wie nichts.

Auch die Ermittlung der „Juden-ins-Gas"-Rufer sollte, da die betreffenden Auftritte gefilmt, sogar zahlreich ins Netz gestellt wurden, kein unlösbares Problem darstellen. Die deutsche Polizei hat, wenn sie wollte, schon mit weit weniger Beweismaterial Gesetzesbrecher zur Strecke gebracht. Wenn ich oder ein anderer nicht-muslimischer Deutscher morgen in Deutschland eine Straftat begehen und uns dabei noch filmen lassen, wette ich, dass die Aufklärung nicht lange auf sich warten lässt. Nur scheint es gehegte und gehätschelte Milieus zu geben, wo der Aufklärungswille erlahmt.

Ist der Aufruf zum Mord an Juden in Deutschland wirklich strafbar oder nur auf dem Papier? Gibt es geschützte Gruppen, denen er erlaubt wird? Dann wird er bald auf andere übergreifen, auf junge Nazis oder Antifa-Kämpfer, und für Juden in Deutschland wird es rundum gefährlich. Auch für Deutsche, die sich für sie einsetzen. Ich schreibe diesen Text unter dem Vorbehalt, dass ich ihn zurücknehme (und die Anklagen, die er enthält), sobald man mir Fälle von strafrechtlicher Verfolgung und Verurteilung der judenfeindlichen Hetzer und Brüller nachweist. Bisher habe ich davon nicht gehört oder gelesen. Gibt es also in Deutschland Ermittlungsverfahren, Haftbefehle und Gerichtsurteile gegen muslimische Demonstranten, die offen zum Mord an Juden aufrufen? Oder lässt man derlei in Angela Merkels Reich, dem Schweigen der Kanzlerin folgend, stillschweigend unter den Tisch fallen? Ich hoffe, man belehrt mich – und möglichst bald – eines Besseren.

# Und Angela Merkel: schweigt
19. Mai 2021

Zu den Leistungen beider deutscher Nachkriegsstaaten gehörte die weitgehende Überwindung des Judenhasses. Zumindest des offenen. Wie groß er in Deutschland gewesen sein muss, wie populär, wie tief in der „Volksseele" verankert, dazu bedarf es nach Auschwitz keines weiteren Wortes. Nach der Katastrophe 1945 begann die Mehrheit der Deutschen zu verstehen, dass Judenhass ein Programm des Scheiterns ist.

Ich kenne beide deutsche Staaten vor der Vereinigung, vor allem vor der desaströsen Kanzlerschaft Angela Merkels, und in keinem der beiden wären öffentliche Bekundungen von Judenhass ungestraft geblieben. Sie wurden zunehmend unüblich, unmöglich, undenkbar. Dieser Zustand währte bis vor einigen Jahren. Ich erinnere mich, wie 1988 der Präsident des Deutschen Bundestages Philipp Jenninger nach einer rhetorisch missglückten, übrigens an keiner Stelle offen judenfeindlichen Rede anlässlich des 50. Jahrestages der Reichspogromnacht zum Rücktritt gezwungen wurde. Und an ähnliche Fälle. Die zur Schau gestellte Empfindlichkeit – vor allem bei Grünen und Sozialdemokraten – war, zumindest was ihre eigenen deutschen Landsleute betraf, gnadenlos.

Doch im Schatten geschonter Milieus kehrte der offene Judenhass nach Deutschland zurück, aus einer für viele Ahnungslose (oder sich ahnungslos Stellende) überraschenden Richtung. Allmählich wurde das Wort „Jude" auf muslimisch dominierten Schulhöfen erneut zum Schimpfwort, zum Epitom des Verächtlichen. Diesmal wurzelte das judenfeindliche Ressentiment nicht in Europas antisemitischer Tradition, sondern in einer anderen. Die nur wenige Europäer zur Kenntnis nahmen. Wer hätte sich vor zwanzig Jahren der Mühe unterzogen, den Koran zu studieren, die Hadithe oder die Charta der Hamas? Wer kannte die zahllosen Stellen im religiösen Schrifttum des Islam, die zur Verachtung, Verfolgung oder Vernichtung der Juden aufrufen?

Und die wenigen, die sie kannten, haben aus Opportunismus darüber hinweggelesen und geschwiegen oder wurden, falls sie ihre Bedenken aussprachen, für „islamophob" erklärt und ausgegrenzt. Inzwischen hat sich in tausend Moscheen und Koranschulen ungehindert verbreitet, was sich Deutsche seit Jahrzehnten gegenseitig bei schweren Strafen verboten. Während der gleiche Ungeist in seinem neuen Umfeld ungestraft gedeihen durfte. Seit 2015 trifft zahlreiche Verstärkung ein, Judenhass steht in neuer Blüte. Das Geschrei auf den Demos wird von Jahr zu Jahr lauter. Bisher ist kein deutscher Muslim wegen Judenhass oder offener Anstiftung zum Judenmord bestraft worden. Obwohl es immer wieder geschieht und auf Videos dokumentiert wird.

Mitte vergangener Woche haben vor der Synagoge in Bonn drei „Männer" eine Israel-Fahne verbrannt. Vor der Synagoge in Gelsenkirchen brüllte eine türkische Fahnen schwenkende Meute im Takt „Scheiß Juden". In Hamburg wurde der einstudierte Sprechchor skandiert: „Kindermörder Israel". Sodass Kanzlerin Angela Merkel sich dann doch eine Erklärung abgerungen hat. Allerdings ließ sie sich nicht zu einem persönlichen Wort herbei. Sie, die sonst so gern redet, über Bücher, die sie nicht gelesen hat, oder dieser Tage auf dem Kirchentag über „Klimaleugner", ließ von einem Pressesprecher erklären, dass *„unsere Demokratie antisemitische Demonstrationen nicht toleriert"*. Das klang flau. Und wenig überzeugend. Seit Jahren kommen die neuen Judenhasser, ob auf deutschen Schulhöfen oder Straßen, straflos davon. Die jungen Muslime fühlten sich durch diese Erklärung eher noch ermutigt (ich möchte nicht wissen, was sie insgeheim von dieser Kanzlerin und ihrer Regierung halten), sie legten am nächsten Tag, Sonnabend, 15. Mai, erst richtig los.

Die Bilder, die jetzt um die Welt gehen, dokumentieren Deutschlands neue Schande. Angela Merkel darf sich das Verdienst zuschreiben, dass in einem Land, in dem Judenhass, wo er existierte, wenigstens leise bis unhörbar blieb, erneut das Gegröle von Pogromen zu hören ist. Sie hat die deutschen Juden verraten und verkauft. Und nicht nur die Juden. Auch viele Deutsche, zum Beispiel alle, die Sympathien für Israel fühlen oder denen Judenhass unerträglich ist. Sie hat durch demonstratives Abstrafen von Islamkritikern in Deutschland eine Atmosphäre angstvollen Schweigens geschaffen. Die, nicht anders als in den späten Jahren der Weimarer Republik, das Gebrüll der Judenhasser umso lauter werden lässt.

Angela Merkel wird in die Geschichte eingehen als die Kanzlerin, die den offenen Judenhass in Deutschland wieder möglich gemacht hat. Jahrzehnte von „Aufarbeitung" und „Vergangenheitsbewältigung", von Volksbildung und versuchter Überwindung einer traumatischen deutschen Niederlage wurden von ihr einfach beiseitegewischt. Man darf unter ihrer Regierung in Deutschland wieder offen zum Mord an Juden aufrufen und sich zugleich vom Staat subventionieren lassen. Im Kleinen wie im Großen. Wie tausende auf deutschen Straßen brüllende Judenhasser durch staatliche Gelder unterstützt werden, so im großen Maßstab die Terrororganisation Hamas über obskure „Hilfswerke" und NGOs, sodass letztlich in jeder Rakete, die hier in Israel einschlägt, auch ein Teil deutsches Geld steckt. Auch dazu schweigt Angela Merkel. Und auch das verstehen die jungen Muslime auf Deutschlands Straßen als Zeichen ihrer Schwäche und heimlichen Duldung.

## Aura der Angst
19. Oktober 2021

Der Philosoph Bertrand Russell konstatierte in seinem 1920 erschienenen Buch The Theory and Practice of Bolshevism eine innere Nähe von Marxismus und Islam: *„Unter den Religionen müsste der Bolschewismus eher dem Mohamedanismus zugerechnet werden als dem Christentum oder dem Buddhismus (...) Mohamedanismus und Bolschewismus sind praktisch auf das Gesellschaftliche orientiert, nicht auf das Spirituelle, und ganz damit beschäftigt, das Reich dieser Welt zu gewinnen."*

Auf den ersten Blick wirkt Russells Feststellung überraschend. Es mutet abwegig an, den Kommunismus mit einer Religion in Verbindung zu bringen, so anti-religiös, betont diesseitig, strikt wissenschaftlich wie sich Marxens Lehre gab. Der Marxismus setzt anstelle Gottes einen radikalen Atheismus. Sehr verschieden in Kommunismus und Islam ist die rechtliche Lage der Frauen. Hier zählt der Marxismus zur Moderne, während die Lehre Mohameds einen Rückfall in die vor-biblische Epoche darstellt.

Doch wer mit beiden Bewegungen, Kommunismus und Islam, seine Erfahrungen gesammelt hat, weiß um die erstaunliche Parallelität vieler Phänomene. Zunächst kennzeichnet beide Bewegungen ein globaler Anspruch. Beide Lehren zielen auf eine Veränderung in toto, nicht, wie etwa Judentum oder Buddhismus, im Individuellen. Ziel ihrer Anhänger ist nicht primär die Vervollkommnung der eigenen Persönlichkeit und ihres unmittelbaren Umfeldes, sondern die Verbesserung der Welt. Kommunismus und Islam sind globale Erlösungslehren in dem Sinne, dass sie die Welt, wie sie ist, ablehnen, die Menschheit aus ihrem jetzigen Zustand befreien und in einen idealen Endzustand versetzen wollen: hier die Befreiung der Welt von Ausbeutung und sozialer Ungerechtigkeit, dort von den Irrlehren der Ungläubigen und einer durch sie bestehenden Bedrohung der Gläubigen, hier ein Reich perfekter kommunistischer Gleichheit, dort perfekter muslimischer Erfüllung.

Auch in den Methoden bestehen auffallende Ähnlichkeiten. Beide Bewegungen operieren erfolgreich mit dem Wort „Frieden". Die auf Kosten ihrer verarmten Bevölkerung hochgerüstete Sowjetunion verfolgte nach eigener Darstellung eine „Friedenspolitik", wie das iranische Mullah-Regime sein kostspieliges Atomprogramm angeblich zur Friedenssicherung, zur Verteidigung gegen eine zionistisch-amerikanische Gefahr unterhält.

Wie der Islam entwickelte auch der Kommunismus ein weltanschauliches System der erklärten höheren Absichten und ließ dadurch vergessen, dass in Wahrheit irdische Ziele angestrebt werden, *„das Reich dieser Welt",* wie Russell feststellte, ständige Erweiterung des eigenen Machtbereichs und territoriale Expansion.

Wie der Kommunismus predigt auch der Islam das Selbstopfer des Einzelnen zugunsten der Gemeinschaft. Er erwartet von seinen Anhängern den kritiklosen Gehorsam gegenüber der Führung und die Treue zur Lehre. Der gläubige Muslim soll die Verbesserung der Welt im Sinne der Lehre als die eigentliche Aufgabe seines Lebens ansehen, die globale Durchsetzung des Konzepts seiner Bewegung. Ähnlich Marxens Lehre der Welt, genannt „Weltanschauung", legt auch der Islam aller gesellschaftlichen Realität ein antagonistisches Muster zugrunde und erklärt einen aus diesem Antagonismus erwachsenden permanenten „Kampf" zum „Gesetz der Geschichte".

Da dieser Dauerkampf, hier „Klassenkampf", dort „Glaubenskampf" genannt, die vorherrschende „historische Gesetzmäßigkeit" bzw. „der Weg Allahs" sei, verstehen sich beide, Kommunisten wie Muslime, als eine Gemeinschaft von Kämpfenden. In ihrem unablässigen Kampf gegen einen „Gegner" sehen beide den Weg, das eigene Endziel durchzusetzen. Die Komplexität des menschlichen Daseins wird im Kommunismus wie im Islam auf einen einfachen Dualismus reduziert. Schon die Kinder lernen, dass sich die Menschheit in zwei feindliche Parteien spaltet, hier in „Genossen" und „Gegner", dort in „Gläubige" und „Ungläubige". Dabei gehen beide Bewegungen davon aus, dass sie sich in einem Verteidigungszustand befinden, selbst dann, wenn ihr Tun eindeutig aggressiven und expansiven Charakter trägt. Ihre Kriege sind immer Verteidigungskriege, ihre Angriffe immer Widerstandskampf, ihre Gewalttaten immer damit begründet, dass die andere Seite ihre Würde verletzt, ihnen Schaden zugefügt, sie nicht ausreichend begünstigt, ihnen nicht genug gegeben habe.

In Marxens Lehre hat das Raster der „antagonistischen Widersprüche" das Geschichtsbild derart dominiert, dass es aus kommunistischer Sicht keine Gruppen oder Individuen mehr geben kann, die nicht entweder „für oder gegen uns" sind. Eine ähnliche Unterteilung der Menschheit in zwei diametral gegenüberstehende Lager vollzieht der Koran mit der Teilung in „Gläubige" und „Ungläubige". Die Forderung, im weltweiten Kampf Partei zu ergreifen, wird zunächst an die Bewohner des eigenen Herrschaftsgebiets gestellt, die damit die ersten Opfer dieses intransigenten Menschenbildes sind, dessen Hüter sich nicht auf Erklärungen beschränken, sondern schon bei Gleichgültigkeit gegenüber der Lehre ein Arsenal von Strafen anwenden.

Die im Koran bestehenden totalitären Tendenzen sind nicht die ganze Wahrheit über dieses Werk arabischer Dichtkunst, aber die in der Geschichte immer wieder dominierende Art seiner Rezeption. Um den aggressiven Islam von moderateren Interpretationen auch begrifflich zu unterscheiden, wurde der Terminus „Islamismus" eingeführt. Gemeint ist konsequentes, schriftgetreues, also eigentlich vorbildliches Muslim-Sein. *„Islamismus ist der dritte Totalitarismus"*, erklärte der amerikanische Historiker, politische Publizist und Islam-Experte Daniel Pipes. *„Er wurde in den Zwanziger Jahren des vorigen Jahrhunderts geboren und von Kommunismus und Faschismus inspiriert."*

Nicht nur die bekannte Allianz zwischen Hitler und dem Großmufti von Jerusalem Haj Amin al-Husseini symbolisiert die Nähe islamistischer und modern-totalitärer Bewegungen, auch die pro-arabische Bündnispolitik der Sowjetunion, die sich – wie vordem die Nazi-Führung – mit ihren arabischen Gesinnungsfreunden darin einig war, die „amerikanische Hegemonie der Welt" zu brechen und das „zionistische Experiment" im Nahen Osten so schnell wie möglich zu beenden. Dabei machen beide Bewegungen gegenüber ihren Anhängern deutlich, dass im Kampf der Zweck die Mittel heilige und jede Methode erlaubt sei, „Taktisches" wie Lüge und Verstellung, das Hintanstellen von Barmherzigkeit und Gnade, das Übertreten aller Regeln des Humanen. Trotz beständiger Erklärungen, das eigentliche Ziel der Bewegung sei Frieden, wurde der Klassen- respektive Glaubenskampf zum jeweils prägenden existenziellen Motiv.

## Aura der Angst

Daher konzentriert sich das Interesse beider Bewegungen an Entwicklung und Fortschritt auf die Mittel des Kampfes. Unter kommunistischer wie islamischer Herrschaft kommt es zu hochgerüsteten Staaten mit Riesenarmeen und Anlagen zur Herstellung atomarer Waffen, während die Bevölkerungen in Zurückgebliebenheit, Elend und Unbildung leben. Auch sonst wird vernachlässigt, was nicht dem Endziel dient. Die Umweltzerstörung kommunistischer Staaten war noch brutaler als die des Westens.

Auch die islamischen Länder tragen fast nichts zu den Problemlösungen der heutigen Menschheit bei, nicht einmal zur Lösung der Probleme, die sie selbst verursachen oder von denen sie existenziell bedroht sind: Ihr Anteil an Klima- und Wüstenforschung, Katastrophenschutz, Ökologie, alternativen Technologien etc. ist annähernd null.

Kommunismus wie Islamismus sind darauf orientiert, neue Reiche zu errichten. Hier „klassenlose Gesellschaft", dort Dar al islam. Dabei soll es sich um neuartige, pseudo-messianische, qualitativ alles Bisherige übertreffende Gebilde handeln, die folglich auch ungeheure, sichtbare, nie zuvor gesehene Anstrengungen erfordern. Es kommt zu einer Apotheose des Kampfes, der Gewaltanwendung, zur Verherrlichung von Grausamkeit im gesellschaftlichen Bewusstsein, in öffentlicher Selbstdarstellung, Kunst, Literatur und Film, wie etwa in dieser Gedichtzeile eines sowjetischen Schriftstellers: *„Nirgends ging die Sonne schöner auf, nirgends als über zerschossenen Städten."* In den Tagen von Videoclip und Internet stehen den Kämpfern des Islamismus neue Mittel des Psychoterrors zu Gebote, etwa das Abschlachten von Geiseln vor laufender Kamera.

Von Anfang an haben Kommunismus wie Islamismus den Terror als Mittel des Kampfes eingesetzt, vor allem wegen seiner paralysierenden Wirkung auf den „Gegner". Islamischer Terror hat eine lange Vorgeschichte, beginnend mit den von Mohamed befohlenen Massenhinrichtungen, etwa der Juden von Medina im Jahre 627. Im 11. Jahrhundert entwickelte sich das internationale Netzwerk der Assassinen, eines ismailitischen Geheimbunds, der durch seine grausamen Mordanschläge eine unvergessliche Spur im europäischen Bewusstsein hinterließ, sogar in Europas Sprachen. Unter den osmanischen Herrschern war es Sitte, alle Gefangenen zu enthaupten und Schädelpyramiden zu errichten. Die kommunistische

Bewegung hat in ihrer relativ jungen Existenz alles getan, um solchen Standards gerecht zu werden. Die Ausbreitung des Marxismus als einer politischen Massenbewegung war seit 1890 von einer ganz Europa erfassenden Terrorwelle begleitet, im damaligen Sprachgebrauch „Anarchismus". Vor allem in Russland nahm die kommunistische Bewegung ihren Aufschwung aus einer terroristischen heraus. Der Student Alexander Ulyanov, Organisator eines Bombenanschlags auf Zar Alexander III., rechtfertigte vor Gericht den Terror als *„die einzig mögliche Methode gegen den Polizeistaat"*. Anlässlich seiner Hinrichtung schwor sein jüngerer Bruder Wladimir, der sich später Lenin nannte, dem verhassten „Gegner" Rache und gründete die Partei der Bolschewiki.

Die Bolschewiki konnten zu keiner Zeit mehr als ein Viertel der Wähler hinter sich bringen. Ihr Aufstieg bewies eine beunruhigende Wahrheit: In einer geistig desorientierten, in Einzelinteressen zerfallenen Gesellschaft ist eine solche Minderheit ausreichend zur Machtergreifung. Demographische Voraussagen schätzen für europäische Länder schon in kommenden Jahrzehnten islamische Minderheiten von zwanzig Prozent und mehr – könnten sie den Hintergrund einer Machtübernahme durch Extremisten bilden wie 1917 in Russland?

Beide Bewegungen, Kommunismus und Islamismus, verbreiten eine Aura der Angst. Ihre Selbstdarstellungen sind einander sehr ähnlich: Personenkult der Führer, Vorliebe für Militärparaden, Massenaufmärsche, die Aversion gegen alles kritische Denken, nicht zuletzt die totale Humorlosigkeit, wie sie etwa in der Charta der Hamas festgeschrieben ist: *„Eine Nation, die sich dem heiligen Kampf widmet, kennt keinen Spaß."* Das Konzept, Angst zu verbreiten, spielt in den programmatischen Texten beider Bewegungen eine entscheidende Rolle. *„Ein Gespenst geht um in Europa"* waren die berühmten ersten Worte im 1848 von Marx und Engels verfassten Manifest der Kommunistischen Partei. Ähnlich verhieß kürzlich ein palästinensischer Politiker: *„Macht euch bereit, bald wird der Islam in jedes Haus eindringen und sich über die ganze Erde ausbreiten."*

In vielem sind beide Bewegungen eine Reflexion von Schwächen der westlichen Gesellschaft. Beide profitieren davon, dass Europa die Entschlossenheit ihres Angriffs mit Versuchen der Beschwichtigung und Leugnung beantwortet. Appeasement scheint eine immanente Neigung demokratischer Gesellschaften, seit der „Friedenspartei" im republikanischen Rom, die aus Geschäftsinteresse eine energische Verteidigung so lange verschleppte, bis Hannibal vor den Toren stand. In seinem berühmten Buch *Les Barbares* sah der französische Historiker Louis Halphen das siegreiche Vordringen der Glaubenskrieger Mohameds in das Europa des frühen Mittelalters weniger in der Stärke der Muslime begründet als in der damaligen Demoralisierung Europas: *„Die Siege der Araber sind darauf zurückzuführen, dass die Welt, die sie angriffen, reif war für ihren Untergang."* Wirksame Abwehr kam nicht zustande, da mächtige Kreise Europas mit den aggressiven Angreifern kollaborierten. Auch im heutigen Europa blühen Geschäfte mit dem Iran, mit der Hamas, Hisbollah und anderen Terrorgruppen, wird die Gefahr des Islamismus verharmlost und in diesem Sinn die öffentliche Meinung manipuliert.

Hinzu kommt die Wirkung der Angststrategie und des Terrors. Der Effekt der Anschläge, Lynchmorde, Geiselnahmen durch die Glaubenskämpfer wird mit Hilfe der modernen Medien potenziert. Die islamische Gewalt scheint noch grausamer als die des Kommunismus. Sie ist atavistisch und primitiv, sie verzichtet sogar auf Scheinjustiz, die Hinrichtungen und Morde werden nicht im Geheimen, sondern mit Absicht in aller Öffentlichkeit vollzogen. All das scheint richtig berechnet: auf den modernen westlichen Menschen, der ganz auf das irdische Leben fixiert ist und den Tod am liebsten daraus verbannen würde, auf eine „Spaßgesellschaft", die Leid und Sterben allenfalls eine verschwiegene Randzone einräumt und sich nun unversehens mit dem blutigsten Geschehen, Krieg und Terror, konfrontiert sieht.

Daher finden die Morde auf offener Straße statt oder wenigstens, wie dieser Tage im Fall des britischen Parlamentsabgeordneten Sir David Amess, vor Zeugen in einer Kirche. Das Medienecho ist erwünscht und eingeplant, da es die Wirkung der Angst potenziert. Man weiß, dass die öffentliche Diskussion in ihrer heutigen Form, das Zerreden des Anschlags in der politisch korrekten Auswertung, jede natürliche Empörung lähmen und gedankliche Schlussfolgerungen und Verallgemeinerungen verbieten wird. Denn auf dieser erwünschten Wirkung, auf dem Verbreiten von

Angst und Einschüchterung, auf dem Erlahmen der Abwehr, dem furchtsamen Schweigen und der allmählichen Paralyse der demokratischen Strukturen, basiert die Strategie des Terrors.

Bei diesem Text, der am 19. Oktober 2021 auf *Achgut.com* erschien, handelt es sich um die überarbeitete, leicht gekürzte Fassung eines Essays von 2007.

# Weitere Bücher von Chaim Noll

Chaim Noll / *Die Wüste –*
*Literaturgeschichte einer Urlandschaft des Menschen*
2020 Evangelische Verlagsanstalt

Chaim Noll / *Kolja – Geschichten aus Israel*
2018 Verbrecher Verlag

Chaim Noll / *Schlaflos in Tel Aviv*
2016 Verbrecher Verlag

Chaim Noll / *Der Schmuggel über die Zeitgrenze*
2015 Verbrecher Verlag

Chaim Noll / *Die Synagoge – Roman*
2014 Verbrecher Verlag

Chaim Noll / *Der goldene Löffel*
2009 Verbrecher Verlag

Chaim Noll / *Der Kitharaspieler*
2008 Verbrecher Verlag

Chaim Noll, Lea Fleischmann / *Meine Sprache wohnt woanders –*
*Gedanken zu Deutschland und Israel*
2006 FISCHER Scherz

Chaim Noll / *Leben ohne Deutschland*
1995 rororo

Hans Noll / *Der Abschied – Journal meiner Ausreise aus der DDR*
1985 Hoffmann & Campe